평화운동

이론 · 역사 · 영역

서보혁 · 정주진 지음

진인진

평화운동 이론·역사·영역

초판 1쇄 발행 | 2018년 6월 25일
지 은 이 | 서보혁·정주진
발 행 인 | 김태진
발 행 처 | 진인진
편   집 | 김민경
등   록 | 제25100-2005-000003호
주   소 | 경기도 과천시 별양상가 1로 18 614호(별양동 과천오피스텔)
전   화 | 02-507-3077~8
팩   스 | 02-507-3079
홈페이지| http://www.zininzin.co.kr
이 메 일 | pub@zininzin.co.kr

ⓒ 서보혁·정주진 2018
ISBN 978-89-6347-380-2 93300

*이 저서는 2010년 정부(교육과학기술부)의 재원으로 한국연구재단의 지원을
 받아 수행된 연구임(NRF-2010-361-A00017).

목차

간행사 _5

서론 평화운동 연구의 의미와 범위 _9

1부 평화운동론 _15

　1장 평화학과 평화운동 _17

　2장 평화운동의 목표와 수단 _35

　3장 평화운동의 영역과 조직화 _45

　4장 평화운동과 평화문화 _61

2부 평화운동사 _77

　5장 세계 평화운동사 _79

　6장 한국 평화운동사 _103

3부 평화운동의 영역 _137

　7장 반전운동 _139

　8장 군축운동 _155

　9장 징병제 폐지 운동 _171

　10장 평화적 갈등해결 _185

　11장 사회적 약자와 평화운동 _199

　12장 통일운동과 평화운동 _211

결론 한국 평화운동의 의의와 과제 _225

지은이 소개 _231

찾아보기 _232

간행사

　21세기 한반도는 다양한 문제들과 역동적인 가능성이 공존하는 현장이다. 탈냉전과 세계화의 격랑 속에서 통일과 평화로 나아가지 못하고, 해묵은 불신과 대립이 반복되는 상황이 국내뿐 아니라 남북한과 동아시아에서도 재연되고 있다. 이런 복합적인 역내 상황 속에서 북한의 미래와 한반도 비핵화 및 평화체제 구축의 문제가 가로놓여 있다. 한반도의 분단과 정전체제가 세계 냉전구조와 관련이 있다면, 미래 통일과 평화는 한민족의 특수과제인 동시에 세계 보편사적인 의미를 함께 갖고 있다.

　서울대학교 통일평화연구원은 이런 상황을 정확하게 분석하고 최선의 대안을 모색하기 위하여 2006년 설립되었다. 우리는 통일과 평화를 연구하고 교육하는데 국내적인 차원과 세계적인 차원을 함께 고려하고, 냉철한 분석과 지혜로운 대안을 제시하기 위하여 기초적인 자료를 수집하고, 학제간 접근을 진행하고 있다. 2010년부터는 한국연구재단의 인문한국(HK) 사업의 일환으로 평화인문학연구단을 구성하여 한반도 문제에 기초한 새로운 평화학 정립을 위해 노력하고 있고, 2014년부터는 서울대학교에서 통일과 평화에 관심을 갖고 있는 연구자와 연구기관들 간의 유기적 협력을 위한 네트워크를 구성해 운영하고 있다. 이에 기초하여 2015년부터는 연구 기반을 확충하는 통일기반 조성사업을 시작하였고, 2016년부터는 통일교육을 선도하는 대학으로서의 면모를 갖추어 나가고 있다.

평화인문학연구단은 '한반도발 평화학 정립'을 목표로 그동안 관련 기초조사와 연구체계를 구축해왔다. 평화인문학은 21세기 인류가 필요로 하는 평화의 총체성을 구현하기 위한 종합 지식체계로서 사회과학과 인문학, 자연과학과 예술까지 포함하는 융합학문이다. 물론 평화연구는 학술작업은 물론 평화교육, 평화문화, 평화운동과 손잡고 나아갈 때 본연의 목표를 풍부하게 실현할 수 있다. 평화인문학연구단은 반전평화, 녹색평화, 민주평화, 연대평화 등 평화학의 보편적인 연구 어젠다를 한반도에 적용하는 한편, 그것을 종합해 통일평화를 구현할 방안을 찾고 평화학의 지평을 확대하는데 기여하고자 한다. 그 과정에서 모아진 연구결과는 평화인문학 총서, 파라파쳄 시리즈, 평화학 아카이브, 그리고 평화교실 총서 등으로 간행되어 독자들과 만나고 있다.

2018년 평창 동계올림픽에 북한이 참가한 것을 계기로 한반도에 대화 무드가 조성된 것은 놀라운 반전이었다. 이어 남북 정상회담과 북미 정상회담이 열리며 비핵화와 평화체제가 조성될 가능성이 열린 것은 더욱 반가운 일이다. 그럼에도 오랜 군사적 대치와 깊은 불신이 가시지 않고 있어 한반도에서 평화는 여전히 깨어지기 쉽다. 평화를 가져오기 위해서는 정부만이 아니라 각국의 시민들이 국경을 넘어 연대하고 감시하고 주장하는 노력도 중요하다. 바야흐로 평화운동의 시대가 본격화 되어야 할 이유를 발견하게 된다. 우리 연구원의 서보혁 교수와 평화학 박사인 정주진 선생님이 매우 시의적절하게 평화운동의 교과서를 집필해주셔서 감사드리고 축하드린다. 국내에서 처음으로 발간된 평화운동 안내서인 이 책은 평화학과 평화운동, 평화 연구자와 활동가를 접속시키고 평화문화를 형성하는 데 유용하게 쓰일 것이다.

한반도의 평화는 이제부터 새로운 장을 열어갈 것이다. 평화 위에 통일이 가능하고, 평화와 함께 한반도 모든 구성원들의 인간다운 삶도 꿈꿀 수 있다. 서울대학교 통일평화연구원은 이 길을 닦아갈 사명을 묵묵히 수행해갈 것이다. 통일과 평화의 상호조화가 어떻게 가능한지를 탐구하고 그 길을 세계와 민족 앞에 내놓도록 더욱 정진해나갈 것이다.

2018년 6월

서울대학교 통일평화연구원 원장
HK평화인문학연구단 단장 임경훈

▓ 서론

평화운동 연구의 의미와 범위

2017년 김정은과 트럼프가 엮어낸 말의 전쟁이 실제 전쟁으로 치닫는 것 아닌가 하는 걱정이 반도에 사는 모든 사람들의 가슴을 짓눌렀다. 그 사이 힘없는 사람들이 살고 있는 성주 소성리에 사드 기지가 설치되었고, 그 이전 제주 강정에는 해군기지가 만들어졌다. 2018년 들어 평창올림픽을 계기로 남북, 북미 정상회담을 비롯해 정상회담 봇물이 일어나며 한반도 냉전구조가 마침내 해체되는가 하는 기대를 불러일으키고 있다. 그러나 그 방향은 아직 가늠하기 어렵다. 분명한 것은 서로 모순되어 보이는 것들이 공존하는 이 모든 현상에 민(民)은 객(客)의 위치에 머물러 있다는 사실이다. 체제를 떠나 모든 국가권력이 민의 안전과 행복 추구를 그 존재이유로 삼고 있지만, 삶과 죽음을 결정하는 일에 민은 항상 구경꾼처럼 서있다. 평화가 가장 절실한 곳에 민이 주체가 되는 평화만들기, 곧 평화운동이 중요한 이유를 여기서 다시 생각해보는 것이다.

평화운동은 전쟁을 비롯한 모든 폭력을 지양하고 상호 이해와 관용으로 공존공영의 삶을 추구하는 시민의 제반 비폭력 활동을 말한다. 좁게는(!) 전쟁반대 평화정착을 추구하는 사회운동으로 볼 수도 있지만, 평화운동은 전쟁과 폭력 그 자체는 물론 그것을 정당화 하는 모든 것에 저항하고 분쟁의 평화적 해결과 분쟁의 원인을 근절하는 민주화, 인권, 평등, 생태보존 활동을 포함한다.

시민의 평화운동은 정부의 평화정책과 연구자집단의 평화연구와 삼각형의 꼭지점을 이룬다. 그렇다면 한국에 평화운동은 어느 정도로 발달해 있는가, 또 정부의 평화정책은? 평화연구가 있기는 한가? 이 책을 쓰는 두 평화연구자는 이런 질문을 하면서 한국사회의 평화와 한반도의 평화에 얼마나 기여해왔는지 자성하지 않을 수 없었다. 평화운동은 평화정책과 함께 평화연구의 토대이자 출발이다. 평화운동은 평화정책을 촉구하고 평화연구를 자극한다. 평화운동은 평화연구를 책상 앞에서 하는 것으로 생각하는 연구자와 평화정책을 정부간 협상으로만 이해하는 관료들의 태도를 다함께 질책한다.

평화운동의 의의와 위상이 이와 같다면 평화운동을 연구하는 의미는 무엇인가? 크게 두 측면에서 생각해볼 수 있을 것이다. 그 하나는 평화학의 실천적 성격을 지지(支持)한다는 점이다. 평화운동이 평화 개념과 평화만들기(peace making)를 실천적으로 이해하도록 이끄는 역할을 하는데, 평화운동 연구는 그런 실천을 분석하고 평화운동에 이론적 자원을 제공한다. 사람들은 평화를 무엇이라 생각하는가? 또 평화는 어떻게 만들어진다고 생각하는가? 평화로 가는 길이 있느냐고 묻는다면 평화로 가는 특별한 길은 없다, 단지 당신이 생각하는 평화를 닦아가는 것이 평화의 길이다. 평화와 평화만들기는 여러 얼굴과 색깔을 띤다. 그러나 그런 다양한 평화 및 평화만들기 속에서도 공통점 하나가 있다. 그것은 바로 평화가 절실한 사람, 곧 폭력으로부터 인간다운 대우와 인간다운 삶을 빼앗긴 사람들의 목소리로부터 평화만들기를 해나가야 한다는 사실이다. 평화운동은 그곳으로 사람들을 안내하고 평화를 갈구하는 사람들과 연대한다. 평화운동은 그 자체가 주체라기보다는 폭력의 희생자들을 돕고 일으켜 세우고, 그들을 대변하고 그들과 함께 평화를 만들어가는 과정이다. 평화운동 연구는 그런 평화운동에 이론적 자원을 제공함과 동시에 평화학에 실천성과 현장성, 한마디로 평화의 생기를 불어넣는 일을 한다.

평화운동 연구의 둘째 의의는 평화운동과 평화연구가 서로 협력하도록 이끈다. 평화운동은 평화만들기의 다른 두 꼭지점인 평화정책과 평화연구와 협력해 실현가능하고 지속가능한 평화의 길을 닦아간다. 모든 사회운동이 그렇듯이 평화운동은 평화 관련 정부 정책을 감시하고 보다 타당한 길을 제시하려고 노력한다. 그렇지만 운동의 입장에서는 많은 경우 원칙적 시각을 표명하거나, 의도하지 않지만 비판을 위한 비판을 한다는 지적을 사는 경우도 있다. 평화를 만들어가는 과정에서 시간과 비용의 제약, 많은 이해당사자들의 입장, 특히 국제관계의 문제인 경우 더 복잡한 이해관계의 작용 등 평화운동이 미처 알지 못하는 고려사항들이 적지 않다. 평화운동의 목적을 평화운동만으로 달성하기 어렵다는 말이다. 따라서 평화운동은 뜻을 공유하는 평화연구와 협력하고, 평화·안보 문제를 다루는 정부 기관과 소통해나가야 한다. 평화운동이 평화정책 및 평화연구와 대화 협력하는 것은 물론 평화로 가는 대안적인 길을 공급하기도 한다. 평화운동 연구는 자연스럽게 이런 삼각관계를 형성하는데 교량자 역할을 한다. 특히 평화운동 연구는 그 말에서 보듯이 평화운동과 평화연구가 상호작용하는 것을 전제로 한다. 둘의 협력은 각각의 발전을 위해서 필수적이다.

이 책은 크게 3부로 구성되어 있다. 평화운동의 이론, 역사, 영역이 그 것이다. 그렇지만 달리 보면 이 책은 크게 둘로 나눌 수 있다. 평화운동 론과 세계 평화운동사를 하나로 묶은 세계적 차원이 그 하나이고, 한국 평화운동사와 평화운동의 영역을 묶은 한반도 차원이 다른 하나이다.

평화운동은 그 속성상 한 국가, 한 민족, 한 지역의 문제가 아니라 세 계적 차원의 운동으로서 국가, 이념, 민족를 초월하는 인류 보편사적 성 격을 갖는다. 평화운동의 속성도 그러하거니와 세계화 시대에 접어든 오 늘날 핵확산, 국제테러는 물론, 특정 지역의 분쟁이 난민, 자원, 종족, 종 교 등과 얽혀 그 영향이 세계에 미치는 경향이 높아지고 있다. 이스라 엘-팔레스타인 분쟁이 세계 증권시장과 미국, 유럽, 아프리카의 국내정 치에 영향을 미치는 것은 잘 알려진 사실이다. 또 2003년 조지 W. 부시 정부의 이라크 침공이 중동 질서 변화, 난민 발생, 원유 공급, 나아가 북 핵문제와 미국의 동맹 · 우방국의 국내정치에 영향을 미치기도 하였다. 당시 한국 평화운동은 노무현 정부의 이라크 파병을 반대하고 일부는 이 라크 현지에 들어가 세계평화운동과 연대하며 전쟁과 파병을 반대하는 활동을 벌어기도 했다. 이 책은 평화운동의 보편성과 세계적 차원을 고 려해 평화운동의 이론과 세계평화운동 약사를 다루고 있다.

그럼에도 불구하고 이 책의 절반 이상은 한국 평화운동에 할애하고 있 다. 마침 한반도에 평화의 봄이 도래할 것 같은 희망이 일어나고 있는 시 점에 이 책을 낼 수 있게 되어 기쁜 마음이다. 아직 한번도 정리되지 않 은 상태에 있어 부담도 되지만 한국 평화운동사를 시론적 수준에서 간략 히 정리해보았다. 이어 제3부에서는 평화운동을 반전운동, 군축운동, 징 병제폐지운동, 갈등중재운동, 소수자보호운동, 통일운동 등 6개로 구성 해 주로 한국 평화운동의 각 영역을 살펴보고 있다. 물론 이들 평화운동

영역을 한국의 경우를 사례로 삼아 소개하고 있지만 이론적 논의와 연계
하고 있어 비교 사례연구에 유용할 것이다.

이 책은 평화가 절실하지만 평화운동이 활발하지 못한 현실 속에서 그
둘을 접속시키고자 하는 바램을 갖고 기획되었다. 평화운동에 헌신하고
있는 사람들에게 헌정하는 마음으로 집필에 임했다. 동시에 평화운동을
성찰하고 그 방향을 객관적으로 논의할 발판을 제공하자는 작은 욕심을
가진 것도 사실이다. 한국의 평화운동이 아직 활성화 된 수준이 아니라
면 평화운동 연구의 수준은 더 말할 나위 없다. 이 책이 평화운동에 관한
본격적인 연구를 자극하고 평화운동을 격려하는 역할을 한다면 필자들
은 더할 나위 없이 기쁠 것이다.

1부 평화운동론

■ 1장

평화학과 평화운동

1. 평화란 무엇인가?

평화는 일반 명사다. 국어사전은 '평화'를 '전쟁이나 갈등이 없이 평온함'으로 설명하고 있다. 이것은 평화학(peace studies)이 설명하는 평화와는 다소 차이가 있다. 물론 전쟁이나 갈등이 있으면 '평화롭다'고 할 수 없다. 그럼에도 이 설명에 대해서는 평화학의 시각에서 두 가지 문제를 제기할 수 있다. 하나는, 전쟁이 없다고 반드시 '평화로운' 것이 아니라는 점과, 다른 하나는 갈등이 있다고 반드시 '평화롭지 않은' 것이 아니라는 점이다. 결국 국어사전이 설명하고 있는 '평화'는 일부는 맞고 일부는 틀리다.

먼저 전쟁에 대해 생각해보자. 전쟁은 인간사회가 겪을 수 있는 가장 폭력적인 사건이다. 대규모의 물리적 폭력이 동원되고 그로 인해 다수의 사망자가 발생하기 때문이다. 특정 무력 충돌이 '전쟁'으로 불린다면 '1년에 1천 명 이상의 사망자 발생'이라는 기본조건을 충족했다는 의미다. 대부분의 무력 충돌에서는 1년이 아니라 그보다 훨씬 짧은 시간 안에 이 조건이 충족되곤 한다. 전쟁은 곧 대규모 '사망자'의 발생을 의미한다. 비학문적 접근에서는 전쟁을 평화에 대한 반대 개념으로 제시하곤 한다. 그런데 전쟁은 폭력의 한 가지 형태일 뿐이고, 전쟁의 부재가 반드시 집단과 개인 삶의 평화를 보장하지는 않는다. 전쟁이 없지만 평화 역시 없는 상황은 자주 목격하거나 경험할 수 있다. 그러므로 전쟁에 초점을 맞추면 평화를 제대로 설명할 수 없다.

다음으로 갈등(conflict)을 생각해보자. 대부분의 사회나 개인은 갈등을 집단이나 개인의 평온한 삶을 방해하거나 불가능하게 만드는 부정적인 현상으로 취급한다. 갈등은 거의 모든 인간사회와 인간관계에서 발생하고 갈등이 존재하지 않는 사회와 관계를 찾는 것은 거의 불가능하다. 그런데 갈등은 사회의 구조, 집단의 문화, 집단 및 개인의 관계를 변화시키는 계기를 제공한다. 갈등이 없이는 구조, 문화, 관계를 변화시킬 수 없고, 그 결과 상대적으로 힘이 있고 그 힘을 자신의 이익을 위해 악용하는 집단이나 개인에게 권력과 자원이 집중되는 상황이 지속된다. 집단과 개인 사이에서 발생하는 이런 갈등은 불가피하고 나아가 바람직한 것이다. 때문에 갈등연구 분야에서는 갈등을 부정적인 현상으로 보지 않는다. 다만 집단과 개인이 갈등에 부정적으로 대응하고 갈등을 파괴적으로 전개시킬 때 갈등은 평화로운 삶을 해치게 된다. 그러므로 갈등의 존재 여부만으로는 평화 또는 비평화를 설명할 수 없다.

'전쟁'과 '갈등'에 대한 위의 설명을 종합하면 '전쟁이나 갈등의 부재가 평화를 의미하지는 않는다'는 설명이 가능해진다. 그렇다면 평화는 어떻게 설명될 수 있을까? 평화학의 시각으로 접근하면 평화는 폭력의 부재를 통해 설명될 수 있다. 폭력은 평화의 반대 개념이며, 폭력의 부재 수준에 따라 평화를 설명할 수 있다. 물론 폭력에 기대지 않고 평화를 '어떤 억압과 강요도 없이 자유를 누리는 상태'로 설명할 수도 있다. 그러나 이것을 이해하기 위해서는 결국 억압과 강요를 설명하는 '폭력'을 설명할 수 있어야 한다. 그러므로 평화를 보다 쉽게 이해하기 위해서는 폭력의 개념을 통해 접근하는 것이 용이하다.

사실 폭력의 인식이 없었다면 평화는 관심의 대상이 되지도 학문적으로 연구되지도 않았을 것이다. 평화의 필요성이 제기되지 않았을 것이기 때문이다. 그러므로 평화를 추구하고 연구한다는 것은 결국 지속적으로 폭력을 탐구하고 문제를 제기하며, 폭력을 제거하기 위한 구체적인 수단과 방법을 찾는 것을 말한다.

2. 평화의 탐구, 평화학의 태동

평화는 폭력과 불가분의 관계에 있다. 단순히 반대 개념이 아니라 평화는 폭력을 감소 내지 제거하는 것을 목표로 하고, 폭력의 존재는 평화의 필요성을 주장할 수 있는 근거가 된다. 그러므로 평화를 탐구하는 것은 폭력을 탐구하는 것으로 설명될 수도 있다. 이런 폭력에 대한 탐구는 평화학의 태동에 기여했다.

평화에 대한 개인적 관심과 탐구를 넘어 조직적 연구가 시작된 것은 1950년대 중반이다. 이런 변화의 계기를 제공한 것은 두 개의 세계대전이었다. 불과 20여 년의 간격을 두고 발생한 세계대전의 경험을 통해 연구자들은 평화의 필요성을 절감하고 전쟁을 예방할 방법을 고민했다. 물론 이전 세기에도 평화에 대한 탐구는 있었고, 이미 1920~1930년대에 학문적 연구도 존재했다.

1940년대에는 개별적이지만 심화된 형태로 평화연구 영역의 수립 및 발전 모델을 제공한 연구들이 있었다. 연구자들은 전쟁과 평화 문제에 대한 학제간(interdisciplinary) 접근과 실험적, 양적(quantitative) 연구를 진행했다. 평화학라는 학문 영역이 없는 상황에서 연구가 학제간, 그러니까 다양한 학문 영역을 기초로 삼아 진행된 것은 불가피하면서도 당연한 것이었다. 당시 연구자들은 평화에 대한 탐구를 독특한 연구 분야로 규정하고 평화연구를 수용할 적절한 용어와 분야를 모색하기도 했다. 테오도르 렌츠(Theodore Lentz)는 평화과학(science of peace)을 주장했고, 버트 롤링(Bert Röling)은 전쟁연구(*polemology*)라는 용어를 쓰기도 했다.

가장 방대하고 체계적인 연구 중 하나는 1942년에 시카고 대학에서 출판된 『전쟁연구(A Study of War)』였다. 이것은 퀸시 라이트(Quincy Wright)가 동료들과 15년 동안 연구한 결과를 정리한 두 권의 책으로 전쟁의 개념, 역사, 원인에서부터 전쟁의 예방과 평화의 수립 및 유지까지 전쟁과 관련된 방대한 주제에 대한 과학적 분석, 학문적 해석, 성찰을 담고 있었다. 이 모든 연구와 연구자들의 기본적인 관심은 전쟁과 평화를 규정하는 것이었지만 궁극적인 목적은 인류를 위협하는 전쟁을 예방 또는 종식하고 평화를 유지 또는 회복할 방법을 찾는 것이었다.

전쟁이 끝난 후인 1950년대 중반에 개별적으로 평화를 연구하고 고민하던 학자들이 전문기관과 프로그램을 중심으로 모이고 함께 작업하면서 조직적인 평화연구가 시작됐고 하나의 학문 분야로 발전되기 시작했다. 1952년, 미국에서는 전쟁을 막기 위한 체계적 평화연구의 필요에 공감하는 학자들이 전쟁예방연구교류(Research Exchange on the Prevention of War)라는 모임을 만들고 『전쟁예방연구교류지(Bulletin of the Research

1945년 4월 5일, 2,038명의 미국 심리학자들은 "인간 본성과 평화
(Human Nature and Peace)"라는 연서명한 성명서를 발표했다. 성명서는
첫 머리에서 "전쟁은 피할 수 있는 것이며 인간의 본성이 아니다. 세계
의 어느 인종, 국가, 사회 집단도 절대 호전적이지 않다"고 강조했다.
이어서 "인종, 국가, 집단 사이의 증오는 교육과 경험을 통해 통제될 수
있고 사람들은 다른 인종, 국가, 문화적 집단이 기본적으로 자신과 다르
지 않음을 배울 수 있다"고 주장했다. 이들은 전쟁의 예방과 평화의 필
요를 심각한 현실의 문제로 인식했다. 성명서는 사회, 교육, 외교, 국제
정치 등의 분야에서 전쟁을 막기 위한 체계적 접근이 이뤄져야 한다는
점을 강조했다. 2천 명 이상의 학자들이 서명했다는 것은 당시 전쟁의
위협에 대한 공감과 평화의 필요성에 대한 절실함이 얼마나 높았는지를
짐작하게 한다.

Exchange on the Prevention of War)』라는 학술 잡지를 발행하기 시작했
다. 이 모임에 참여한 학자들은 토론 모임과 심포지엄 등을 조직하고 그
결과를 출판했으며, 점차 다양한 분야의 학자들도 영입했다. 1957년에
는 기존의 학술 잡지를 대체할 새로운 학제간 학술지인 『갈등해결저널:
전쟁평화연구계간(Journal of Conflict Resolution: A Quarterly for Research
Related to War and Peace)』을 발행하기 시작했다. 이 잡지의 편집에 참여
한 학자들은 다른 한편으로 전쟁과 평화 문제에 관심 있는 학자들을 모
아 학제간 연구 공동체를 만들었다. 이 학문 공동체는 미시간 대학의 갈
등해결연구센터(Center for Research on Conflict Resolution)의 설립으로 이
어졌다.[1] 여기서 사용된 '갈등해결'은 국가 또는 민족 사이의 무장 충돌

---

1 H.C. Kelman, "Peace Research: Beginnings," N. Young(Ed.), *The Oxford*

또는 전쟁을 평화적으로 종식시키는 것을 의미한다. 현재의 '갈등해결'이 국가 사이의 무장 또는 비무장 갈등부터 개인 사이의 갈등까지를 일컫는 것과는 달리 당시엔 무장 갈등(armed conflict)에 초점이 맞춰졌다.

본격적인 평화연구 기관의 시작은 1959년 노르웨이 오슬로에 설립된 오슬로평화연구소(PRIO: Peace Research Institute Oslo)였다. 그 이전의 연구 공동체나 프로그램이 평화를 여러 학문 분야에 의존하는 연구 주제 중 하나로 여겼다면 PRIO는 처음으로 평화연구(peace research)가 그 자체로 독립적인 연구 분야임을 천명했다. 이것은 조직적이고 학제적인 평화연구의 시작을 알리는 것이었다. PRIO가 1964년 평화연구저널(Journal of Peace Research)의 발행을 시작한 것도 같은 맥락에서 평화연구가 독립적인 연구 분야로 토대를 잡는데 기여했다. 1950년대 이후 평화연구를 전문으로 하는 기관이 계속 생겨났고 1970년대 초부터는 대학에서 평화학을 가르치기 시작했다. 현재는 전 세계 400여개 대학에 다양한 형태의 평화학 프로그램이 설치돼 있다. 한국에는 아직까지 세계적 수준과 방향의 평화연구에 기반한 평화학 프로그램이라고 칭할만한 커리큘럼을 갖춘 대학이 없고 다른 학제 안에서 개별적으로 평화학 관련 과목을 제공하는 정도다.

여기서 기억해야 할 것은 '평화'에 대한 관심이나 탐구와 '평화학' 안의 평화연구는 다르다는 것이다. 물론 평화에 대한 관심과 탐구정신에 기반해 인간사회에서 평화의 의미, 가치, 정당성 등을 찾고 확산시키려는 노력이 없었다면 평화학이 학문으로 태동되지 못했을 것이다. 그런데 평화학은 평화 자체에 대한 것이라기보다 실제 평화 성취에 기여할 수

International Encyclopedia of Peace, Vol. 3(Oxford University Press, 2010), pp. 453-458.

있는 정치·경제·사회·문화 조건, 접근 방식, 실행 원칙 등을 구체적으로 모색하고 이론을 개발하며, 실행을 통해 가능성 및 개선 방안을 확인하고 연구하는 학문이다. '평화'의 의미, 가치, 정당성 등이 이미 전제조건으로 성립되고 합의된 토대 위에서 연구가 이뤄진다. 그러므로 엄밀히 보면 평화학은 '평화'가 아닌 '평화로운 사회'를 만들 구체적인 조건과 방식을 연구하는 학문이다.

3. 폭력의 탐구

평화 성취를 위해 평화학은 폭력을 연구한다. 사회와 집단 및 개인 관계에 존재하는 폭력과 폭력의 도구 및 수단을 확인하고, 폭력이 어떻게 평화를 저해하고 파괴하며 희생을 야기하는지 분석한다. 나아가 폭력을 점진적으로 감소시키고 궁극적으로 제거할 수 있는 구체적인 방안을 모색한다. 평화학의 폭력 연구에 당위성을 제공하는 것은 폭력으로 인한 희생자의 존재다. 평화에 관심을 가졌던 초기 연구자들이 전쟁에 초점을 맞췄던 이유도 인간사회에서 반복되는 현상으로서의 전쟁에 대한 관심 때문이 아니라 전쟁이 야기하는 대량 살상 때문이었다. 그러므로 '희생'은 폭력을 연구하고 궁극적으로 제거하는데 몰두하는 평화학에 정당성, 철학, 원칙을 제공해주는 기본 개념이라 할 수 있다.

이론적으로 폭력은 여러 가지로 구분되고 폭력이 영향을 미치는 방식도 다양하다. 그런데 앞서 언급한 것처럼 평화학이 태동된 시기인 1940년대부터 1950년대, 그리고 독립적 연구 영역으로 자리 잡기 시작한 1960년대 초반까지도 평화학의 주요 관심은 전쟁이었다. 대량 살상과 광범위한 파괴를 야기하는 전쟁을 예방하고 평화적 종식을 위한 방법을 탐

사진 1-1 평화학은 평화를 달성하기 위해 폭력을 연구한다.

구하는 것에 초점이 맞춰졌다. 이것은 폭력 중 물리력을 통해 인간에게 신체적 해와 고통을 주는 직접적(direct) 폭력 중 한 가지인 전쟁에 지나치게 몰두하는 것을 의미했다. 그러나 전쟁의 부재가 곧 평화의 존재를 의미하진 않았다. 이런 생각은 1960년대 중반 체계적으로 정리되기 시작됐다.

전쟁이 폭력의 한 형태일 뿐이며 평화연구의 목적은 전쟁을 포함한 모든 폭력을 감소시키는 것이라는 생각은 1960년대 중반에 들어서면서 명확해졌다. 요한 갈퉁(Johan Galtung)은 평화를 두 가지, 즉 소극적(negative) 평화와 적극적(positive) 평화로 구분했다. 그는 전쟁의 부재는 단지 소극적 평화의 상태일 뿐이며 이보다 진보한 적극적 평화는 인간사회의 통합(integration)을 통해 이뤄진다고 보았다. 그러므로 평화연구는 다양한 집단 사이의 폭력 감소와 통합의 촉진에 관심을 기울여야 하고 개인, 집단, 국가 사이의 갈등과 전쟁이 모두 관심의 대상이 된다고 보았다. 그는 아시아의 종교 갈등, 아프리카와 북미의 인종 갈등, 남미의 빈부 갈등 등을 예로 들면서 그것들이 반드시 전쟁의 원인이 되어서가 아니라 당연하게 평화연구의 대상이 되기 때문이라고 설명했다.[2]

1960년대 말 갈퉁이 고안한 '구조적(structural) 폭력' 개념은 폭력의 확장에 중대한 기여를 했다. 더 중요하게는 다양한 사회 갈등과 폭력의 관계를 잘 설명해줬다. 그는 폭력을 정의하는 핵심 개념으로 실제성(actual)과 잠재성(potential) 사이의 차이를 언급했다. 누군가 사회적 조건이 부과한 현실 때문에 잠재성의 실현을 방해받게 된다면 그 이유는 폭력이 존재하기 때문이라고 보았다. 바로 구조적인 문제, 즉 구조적 폭력 때문이라는 것이다. 구조적 폭력이 없다면 개인의 잠재성이 모두 발휘될 가능성이 높아지지만 구조적 폭력이 존재한다면 그만큼 잠재성을 발휘할 수 없게 된다. 구조적 폭력에 희생되는 개인이나 집단에게는 당연히 나은 현실과 미래를 만들 수 있는 가능성이 그만큼 줄어드는 것이다.[3]

폭력의 탐구는 문화적 폭력으로 확대됐고 적극적 평화는 문화적 폭력의 부재까지 포함하게 됐다. 문화적 폭력은 사상, 철학, 예술, 과학, 언어, 전통, 담론, 특정 기호 등 문화 영역에 속하는 것을 도구로 삼아 가해지는 폭력의 양상을 말하며 직접적, 구조적 폭력을 정당화하기 위해 이용될 수 있다. 별, 십자가, 초승달과 같은 종교적 기호, 국기, 국가, 군사 행진, 도처에 있는 지도자의 초상, 선동적인 연설과 포스터들, 이 모든 것들 또한 문화적 폭력의 양상으로 여겨진다.[4] 처음 구조적 폭력의 부재로 설명됐던 적극적 평화는 후에 이런 문화적 양상의 부재까지 포함하는

---

2   Johan Galtung, "An Editorial," *Journal of Peace Research* 1:1(1964), p. 2.

3   Johan Galtung, "Violence, Peace and Peace Research," *Journal of Peace Research* 6:3(1969), pp. 168-171.

4   Johan Galtung, "Cultural Violence," *Journal of Peace Research* 27:3(1990), pp. 296-301.

것으로 설명됐다. 나아가 자연(nature)에 대한 존중으로까지 확대됐다.

평화연구, 또는 학제 안에서의 평화학이 폭력을 탐구하는 것은 폭력 그 자체를 탐구하는 것이 아니라 평화 부재의 원인을 찾고 평화를 회복 내지 성취할 구체적 수단과 방법을 모색하기 위해서다. 폭력과의 관계에서 소극적 평화와 적극적 평화를 정의하는 것 또한 폭력의 제거 없이 평화가 성취될 수 없음을 강조하는 것이다. 그 최종 목적지는 폭력이 없이 모든 집단과 개인이 공존하는 평화로운 사회와 세계다.

4. 평화학과 평화운동

지금까지 얘기한 평화의 이해와 폭력의 탐구는 평화에 대한 평화운동의 기본적 이해 및 문제의식과 다르지 않다. 평화학은 반드시 평화운동을 지향하지는 않는다. 그러나 '연구를 통한 사회변화에의 기여'라는 목표를 가지고 있다는 점에서 평화운동과 모순되지 않는다. 다른 한편 평화운동은 반드시 평화학의 토대 위에서 행해지지는 않는다. 그러나 평화에 대한 평화학의 이해를 거부하지 않고, 평화학이 주장하는 '폭력의 제거를 통한 평화 성취'와 모순되지 않게 폭력의 문제를 지적하고 제거를 위해 노력한다. 그렇다면 평화학과 평화운동의 관계는 어떻게 설명될 수 있을까? 간단히 설명하면 두 영역은 상호보완 내지 상호지지의 관계라 볼 수 있다. 평화운동은 평화학의 태동에 영향을 미쳤으며, 평화학은 평화운동의 정체성을 확고히 하고, 나아가 현장성을 강화하는 이론적 토대와 실행 가능한 접근법을 제공해 왔다. 이에 대응해 평화운동은 평화학이 실행을 전제로 한 이론을 개발할 수 있도록 현장성과 구체적인 사례를 제공하는 역할을 해 왔다. 다만 분명하게 다른 점이 있다면 사회운동의 하나인 평화운동은 대중성을 가지고 있으며, 평화학은 학문으로서 전문성을 가지고 있다는 것이다. 그러나 이런 구분은 평화학의 정착 이후에 가능해진 것이고 평화학의 초기에는 당연히 구분이 모호했다.

평화운동과 평화학이 끈끈한 유대감을 가지고 있다는 것, 나아가 상호보완 내지 상호지지의 관계라는 것은 평화학의 시작 당시 제기된 고민에서도 찾아볼 수 있다. 평화학은 이미 존재했던 평화운동의 토대를 활용해 시작됐다. 때문에 초기 평화학의 중요한 토론 주제 중 하나는 평화운동과 차별성을 가지면서 동시에 연결성을 유지할 수 있는 방법을 찾는 것이었다.

최초의 평화학과 중 하나로 1973년 설립된 영국 브래드포드대학의 평화학과는 헌신적으로 평화운동에 참여해왔던 퀘이커들의 전폭적인 지지와 모금으로 설립될 수 있었다. 그런데 당시 퀘이커들은 평화학의 설립을 반기면서도 다른 한편으로 평화학이 경직된 학문 세계와 유연한 현실 세계, 그리고 연구와 운동 사이에서 균형을 유지할 수 있을지에 대해 의문과 두려움을 제기했다. 나아가 학문적 연구가 강조될 경우 평화운동의 현장성이 평화학 안에서 소외될 수 있음을 우려했다. 학문과 운동의 경계에 대한 논란은 1980년대 초까지 이어졌다. 평화학과는 이 문제를 연구와 실천을 분리시키지 않고 커리큘럼 안에 같이 포함시킴으로서 해결했다. 이런 논의와 결정은 평화학의 현장 연결성을 확실히 하고 다른 학문과의 차별성을 부각하는데도 기여했다.[5]

평화학의 이런 기본 입장과 접근은 지금까지도 이어지고 있다. 세계

---

5 James O'Connell and Simon Whitby, "Constructing and operating a Department of Peace Studies at the University of Bradford: a reflection on experience between 1973 and 1995," Unpublished background paper.

곳곳의 평화학 프로그램들은 브래드포드 평화학과와 거의 비슷한 입장과 접근, 그리고 그것을 반영한 커리큘럼을 가지고 있다. 평화학 학제 안의 연구자들이 현장 프로그램에 참여하고, 학교가 자체 현장 프로그램을 가지고 있거나 현장 단체들과 협력하는 것이 당연하고 반드시 필요한 것으로 여겨진다. 이런 접근은 평화학과 평화운동의 상호보완 내지 상호지지를 공고하게 유지하는데 기여해왔다.

평화학과 평화운동의 상호연계성은 평화로운 공존과 사회의 실현이라는 궁극적이고 현실적인 목표를 달성하는데 반드시 필요한 조합이다. 평화학은 이론과 방식의 제안을 통해, 그리고 평화운동은 현장 활동과 개인 및 집단과의 직접 접촉을 통해 정보와 성찰을 공유하고 부족한 부분을 보강한다. 개인 차원에서는 이런 영역의 구분이 무의미할 수도 있다. 평화학자이면서 평화운동가인 경우도 있고, 당연히 반대의 경우도 있다.

사진 1-2 사드 배치 지역인 경북 성주에서 열린 평화연구자들과 평화운동가들의 토론회 장면. ®서울대학교 통일평화연구원

또는 평화학자이면서 평화운동의 영역에서 주기적으로 일하고, 평화운동가이면서 평화학의 영역에서 훈련과 교육을 받기도 한다. 이런 개인적 활동과 경험은 두 개 영역이 상호협력의 관계를 맺고 공존함으로서 평화 성취를 위한 노력에 실질적이고 지속적으로 에너지와 자원을 제공함을 잘 설명해준다.

평화운동은 사회운동의 하나로 이해되지만 다른 사회운동과는 확연히 다른 정체성을 가지고 있다. 인터넷 기반 백과사전인 위키피디아는 평화운동을 "특정 전쟁의 종식이나 특정 장소 및 상황에서 인간 사이 폭력의 감소 등을 추구하며, 흔히 세계평화라는 목표와 연계해 활동하는 사회운동"이라고 설명하고 있다. 이어서 "이런 목표 달성을 위한 수단으로 평화주의, 비폭력 저항, 외교, 보이코트, 평화캠프, 도덕적 소비, 반전 정치가 지지, 총기 금지, 정부의 무기산업 이익 획득 금지 입법, 전쟁범죄 고발자 지원" 등을 주장하고 관련된 활동을 한다고 설명하고 있다. 이것은 평화운동에 대한 일반 대중의 이해를 반영하고 있다고 볼 수 있다. 세계의 다양한 평화운동을 소개하고 있는 한 책은 전쟁 예방, 핵무장 해제, 인간 안보와 인권, 전쟁 후 사회의 화해, 비폭력 저항, 평화역량 교육, 공동체 평화세우기(peacebuilding), 갈등해결과 조정(mediation), 평화문화 운동, 지구온난화와 기후변화 등의 주제를 다루는 캠페인이나 단체를 소개하고 있다. 이런 주제들은 평화학의 연구 주제들과 다르지 않다. 평화학과 평화운동은 같은 주제와 같은 목표를 가진 다른 분야로 이해할 수 있다.

5. 평화운동의 조건

그렇다면 평화운동을 '평화운동'으로 구분할 수 있게 만드는 조건은 무엇일까? 무엇이 평화운동의 정체성을 결정하는 것일까? 이를 위해 평화학의 시각을 적용해 보려고 한다. 평화학의 시각으로 평화운동을 이해하려는 시도는 절대적으로 부적절한 것은 아니지만 최선으로 보이지 않을 수 있다. 그럼에도 각 사회의 필요에 따라 다양한 주제를 다루고, 각 사회의 상황과 문화에 따라 다양한 형태를 가지고 다른 접근을 취하는 평화운동을 설명하기 위해 보편적 학문으로 자리 잡은 평화학을 참고하는 것은 유용하고 유효한 접근일 수 있다. 또한 앞서 언급한 것처럼 평화학과 평화운동의 상호적인 보완과 지지의 관계, 그리고 연대 내지 협력이 평화학의 초기부터 유지돼 왔고, 평화운동의 현장 활동과 이론이 학문적 연구에 꾸준히 반영되고 있기 때문에 평화학의 시각을 적용하는 것은 설득력 있는 시도가 될 수 있다.

특정 평화단체나 평화 활동이 '평화운동'으로, 다시 말해 평화 성취를 위한 운동으로 인정받을 수 있으려면 중요한 몇 가지 기본적인 조건을 충족해야 할 것이다. 그 첫 번째는 다양한 개인과 집단의 평화적 관계와 공존을 위한 목표를 가지고 있어야 한다는 것이다. 이것은 평화가 관계 속에서 정의되고, 평화 성취가 개인적인 만족이나 목표 달성이 아닌 타인 및 타집단과의 평화로운 공존을 의미하기 때문이다. 평화의 파괴 내지 부재는 폭력의 존재를 의미하고, 이것은 곧 '가해'와 '피해'가 있음을 의미한다는 것은 폭력도 평화도 관계를 전제로 정의되는 것임을 말해준다. 그러므로 평화를 위한 운동을 한다는 것은 곧 개인과 집단의 평화로운 관계와 공존을 위해 일하는 것으로 풀어 설명할 수 있다. 이것은 평화로운 관계와 공존을 외면하거나 거기에 관심이 없다면 평화운동으로 인정될 수 없음을 말한다.

두 번째는 사회에 존재하는 폭력을 규명하고 문제를 제기하며, 그것을 감소 내지 제거한다는 목표를 가지고 행동해야 한다는 것이다. 평화를 위해 일한다는 것은 곧 평화의 필요에 동의함을 의미한다. 그런데 소극적 평화든 적극적 평화든 그것이 부재하다는 것은 곧 폭력과 희생의 존재를 의미한다. 평화운동에 속한 단체나 활동은 사회 곳곳에 있는 다양한 폭력을 찾아내고, 특별히 그로 인한 희생의 존재를 드러내고 문제를 제기해야 한다. 동시에 운동의 정체성에 따라 폭력과 희생을 줄이고 마침내 제거하기 위해 사회에 구체적인 행동을 제안하고 이끌어야 한다. 많은 평화운동 단체들이 직접적, 구조적, 문화적 폭력과 관련된 일을 다루는 것은 평화에 대한 관심이 곧 폭력에 대한 관심으로 이어질 수밖에 없다는 점을 말해준다.

세 번째로 평화적 방식에 의존하는 원칙을 가지고 있어야 한다는 것이다. 평화 성취를 원한다는 것은 모든 폭력을 부인한다는 것이고, '평화를 위한 폭력'은 그 자체로 모순일 수밖에 없다. 평화적 방식은 곧 모든 폭력적 방식을 거부하는 것을 의미한다. 물리적 힘을 이용한 폭력뿐만 아니라 구조, 문화, 언어 등을 이용한 어떤 폭력도 허용될 수 없음을 의미한다. 때문에 많은 평화운동 단체나 활동은 적극적이고 분명하게 평화적 방식을 강조하기 위해 비폭력 저항을 원칙으로 삼기도 한다. 여기서 '비폭력'은 저항하지 않음이 아니라 폭력적이지 않은 방식으로 저항함을 의미한다. 평화적 방식에 의존하는 또 다른 이유는 평화가 궁극적으로 평화로운 관계, 그리고 그런 관계에 기초한 평화로운 공존과 공동체를 목표로 삼기 때문이다. 평화 성취의 목표를 위해 폭력적 방식에 의존한다면 평화적 결과를 얻을 수 없다. 폭력 중단과 평화 회복의 결과를 얻을 수 있다 할지라도 그것은 일시적 성과에 머물고 평화로운 관계와 공동체의 회복으로 이어질 수 없다.

　네 번째로 문제나 갈등의 평화적 해결에 의존해야 한다는 것이다. 여기서 말하는 '갈등'은 국가 사이나 국가 내 무장 갈등, 즉 전쟁부터 개인 사이의 갈등까지를 지칭하는 포괄적인 용어다. 그러므로 갈등의 평화적 해결은 전쟁부터 개인 사이의 갈등 모두에 적용된다. 갈등은 평화 성취로 가는 길에 사회, 집단, 개인이 흔히 마주하게 되는 도전이다. 이런 이유로 문제 및 갈등의 평화적 해결은 평화학의 주요한 연구 및 현장 적용 영역으로 자리잡고 있다. 이것을 평화운동의 영역에 속한 단체나 활동에 적용한다는 것은 조직이나 활동의 안과 밖에서 발생하는 크고 작은 문제나 갈등을 대립과 공격이 아니라 대화와 합의로 해결할 것을 주장하고 실제 적용하는 것을 의미한다. 이는 앞서 얘기한 '평화적 방식'이라는 원칙을 내재화, 구체화시키는 것을 말한다. 이를 통해 평화운동의 정체성과 정당성이 유지될 수 있다.

　위의 기본적 조건들을 충족하지 못한다면 스스로 평화운동이라 주장해도 외부로부터 평화운동으로 인정받기 힘들다. 다른 사회운동과의 차별성이 없고, 평화 성취의 목표와 과정 사이에 모순이 존재하며, 무엇보다 다양한 개인과 집단의 평화로운 공존에 기여할 수 없기 때문이다. 그런 경우 평화 성취가 아니라 단지 단체나 활동의 목표를 위해 '평화'라는 단어를 차용한 것으로 볼 수밖에 없다.

■더 읽을 책

서보혁 · 정욱식, 『평화학과 평화운동』, 모시는사람들, 2016.

정주진, 『평화를 보는 눈』, 개마고원, 2015.

Ho-Won Jeong, *Peace and Conflict Studies: An Introduction*, Ashgate,
2000.

■토론 주제

1. 소극적 평화와 적극적 평화의 성취를 목표로 삼을 경우 집단 및 사회
   의 어떤 점이 변화의 대상이 되어야 하는 생각해보자.

2. 다른 사회운동과 구분되는 평화운동의 특징을 나열해보자.

2장

평화운동의 목표와 수단

1. 평화운동의 목표

평화운동의 목표는 당연히 평화를 달성하는 것, 그 일에 기여하는 것이다. 그런데 평화를 달성하는 일에 기여한다는 것은 대단히 추상적인 말이다. 평화란 말도 추상적이고 기여한다는 말도 추상적이다. 평화운동이 현실에서 부딪히는 것은 평화보다는 폭력이다. 이 폭력이 단순하지 않다는 사실도 평화운동의 목표를 복잡하게 만든다. 말하자면 평화를 이룩하려는 평화운동은 먼저 현실에 존재하는 폭력을 극복 지양해나갈 때 앞으로 나아갈 수 있다. 이렇게 본다면 평화운동의 목표를 다음 세 가지로 말할 수 있을 것이다.

첫째, 평화운동은 폭력을 감소시키고 예방하는 것을 목표로 한다. 평화운동은 각양의 폭력이 난무하는 현실에 가슴 아파하는 마음과 그 현실을 직시하는 이성을 양 날개로 해서 폭력을 줄이고 막아내는 일이 일차적인 목표이다. 현실에서 존재하고 보이는 또는 보이지 않는 폭력에 눈 감고 평화를 외치는 것은 평화를 공허한 구호로 부르는 것일 뿐 평화운동과는 거리가 멀다.

마하트마 간디의 손자이자 간디의 비폭력운동을 전파 교육해오고 있는 아룬 간디(Arun Gandhi)는 "물리적 폭력이라는 불에 연료를 대는 것이 수동적 폭력이다."라고 말한다. 이때 수동적 폭력이란 "물리적 힘을 사용하지 않지만, 우리가 하거나 하지 않는 일이 누군가에게 그리고 어딘가에서 해가 되는 것"을 말한다. 폭력은 군인의 총에서만 나오는 게 아니고 일반 시민의 마음과 사회 여론에서 만들어지기도 한다. 그래서 평화운동에서 "평화는 우리 마음 속에서 시작하는 것이며 그럴 때만이 인간 사회의 모든 곳에 평화가 스며들 수 있다."고 말하는 것인지도 모른다. 그런 평화를 이루어간다는 말은 개개인, 마을, 사회집단, 국가, 국제사회 등 세상 곳곳에서 행사되는 유무형의 폭력이 줄어드는 것을 전제로 한다. 그런 점에서 평화를 폭력을 줄여가는 과정, 소위 감폭력(減暴力)으로 정의하는 학자들로 있는데(이찬수), 평화운동의 목표가 바로 폭력을 줄이고 예방하는 일임을 말해준다. 폭력의 발생과 재발을 예방하는 일에는 어두운 과거로부터 교훈을 찾고, 제도적 장치를 마련하고, 교육과 여론으로 일깨우는 노력이 유용할 것이다. 요컨대 평화운동의 목표 중 하나인 감폭력은 궁극적인 평화 달성의 조건을 확보하는 일이자 그 자체가 평화달성의 일부이다.

둘째, 평화운동의 목표는 폭력 감소를 넘어 평화를 실현하는 것이다. 폭력이 만연한 현실에서 평화운동이 일단 추구하는 목표는 폭력을 줄이고 재발을 방지하는 것이지만, 그 궁극적인 목표는 평화를 실현하는 것이다. 그럼 여기서 추상적인 용어인 평화의 내용을 구체적으로 생각해보자. 그래야 평화 실현의 내역을 알 수 있을 것이다. 동시에 평화의 대립항인 폭력의 내역도 함께 얘기할 필요가 있다. 위에서 폭력을 물리적 폭력과 수동적 폭력으로 말했다. 물리적 폭력은 군사 공격, 테러, 살인 등 직접적 폭력을 말한다. 물리적 폭력에는 전시는 물론 군사화(militarization)가 심한 나라나 군사권위주의 체제에서는 국가폭력에 의해 시민의 자유가 억압당하는 경우도 포함한다. 수동적 폭력은 물리적 폭력을 합법적으로 전개하고(구조적 폭력), 심지어 자연스럽게 받아들이도록 한다(문화적 폭력)는 점에서 더 무섭고 교묘하다. 수동적 폭력은 폭력 행사 집단의 불의에 대해 개인과 사회가 고개 돌리고 침묵하고 경우에 따라서는 동조하도록 유도하는 기제로 작동하기도 한다. 말한다면 수동적 폭력은 불평등, 차별, 소외, 배제 등으로 나타난다.

☞ 군사화

한 사회를 군사 분쟁이나 폭력을 위해 조직해가는 과정과 그 현상을 말한다. 한 사회가 군대식 사고와 운영을 하고 있다면 군사화가 높다고 말할 수 있다. 대기업의 운영이 군대식으로 이루어지고, 북한을 악마로 그리거나 정치적 반대세력을 '친북', '종북'으로 낙인찍어 억압하는 것도 군사화 현상으로 간주할 수 있다.

폭력을 이렇게 본다면 평화는 전쟁을 비롯한 물리적 폭력이 중단된 상태(물리적 평화 혹은 직접적 평화)와 그런 평화 상태를 제도화 하는 구조적 평화와, 태도나 의식으로 내면화 되는 문화적 평화를 망라한다. 평화가 이렇게 구체적이고 추구하는 차원이 다양하기에 쉽사리 달성하기 힘든 것이 사실이다. 그러므로 평화운동은 반전운동일 뿐만 아니라 인류가 존

재하는 한 계속될 영구적인 운동이고, 사람의 의식과 태도 변화 없이는 달성하기 힘들다는 점에서 의식운동이고, 우주와 내면과의 소통과 성찰을 동반한다는 점에서 영성운동이다.

폭력 감소와 평화 달성이라는 이상 두 목표는 사실 평화'운동'만의 목표라기보다는 평화를 갈구하는 모든 사람들의 목표이다. 평화운동의 목표는 평화를 위해 힘쓰는 모든 사람들의 염원을 반영하는 보편적 측면과 함께 평화운동의 정체성과 특성을 반영한다면 더 만족스러울 것이다. 평화운동의 세 번째 목표는 평화운동의 특수한 측면과 관련되어 있다.

셋째, 평화운동은 평화 달성에 헌신할 역량을 확대 · 강화하는 것도 목표로 한다. 앞의 두 목표가 평화운동의 본질적 목표라고 한다면, 평화운동의 역량 확대는 기능적 목표라 할 수 있다. 평화운동의 역량을 확대하는 것 자체가 최종 목표는 아니지만 두 본질적 목표를 달성하는데 반드시 필요하다는 점에서 목표에 포함할 수 있다. 평화운동이 평화운동의 발전을 목표로 한다는 것이 일면 동어반복이거나 집단이기주의처럼 들릴 수도 있지만, 정치를 포함한 모든 인간 사회활동은 주체의 역량 없이 추구하는 목표 달성은 불가능하다. 그런데 주체의 역량은 국가나 사회제도가 제공해주는 것이 아니라 해당 이해집단이 책임질 문제이다. 그런 점에서 비록 기능적 성격을 갖고 또 내적 차원의 문제이지만, 평화운동의 역량 강화를 평화운동의 목표로 설정할 수 있는 것이다.

그럼 평화운동의 역량이란 무엇을 말하는가? 평화운동의 역량은 평화운동의 주체라고 부를 수도 있는데 지도력과 대중적 지지로 구분할 수도 있고, 혹은 지도노선, 정책대안, 교육 · 홍보 능력, 협력망 등으로 생각해볼 수 있다. 지도력과 대중적 지지로 평화운동의 역량을 파악한다면 두 요소의 크기와 함께 지도력과 대중의 관계도 주요 구성 요소이다. 지도력은 있는데 평화운동에 대한 대중의 지지가 낮다면, 또 그 반대로 평화를 갈구하는 대중의 관심과 참여의사는 높은데 이를 이끌어갈 힘이 약할 경우 모두 평화운동의 역량이 낮을 수밖에 없다. 지도력과 대중이 긴밀하게 협력하고 소통해야 평화운동의 역량이 커지지 둘이 따로 움직인다면 그것은 평화운동의 발전을 제약할 것이다. 또 평화운동의 역량을 지도노선, 정책대안, 교육·홍보 능력, 협력망 등으로 이해할 경우에는 각각의 요소들이 균형적으로 구비되어야 역량이 높아진다. 만약 그 구성요소들이 골고루 만들어지지 않고 일부만 확보될 경우 역량은 낮은 셈이다.

이상 평화운동의 역량이 평화운동 내의 기능적 목표임을 알아보았다. 거시적으로 보면 평화운동의 역량은 운동의 목표와 수단을 결합시켜주는 역할을 한다. 평화운동 진영이 그 목표를 내면화 하는 동시에 운동 수단을 골고루 확보하는데 있어서 운동 주체의 역량이 관건이다. 그럼 평화운동의 수단에는 어떤 것들이 있는지 알아보자.

2. 평화운동의 수단

평화운동의 수단은 평화운동의 목표 달성에 이바지하는 도구를 말한다. 우선 위에서 말한 세 가지 평화운동의 목표에서 평화운동의 수단을 끌어낼 수 있다. 첫째, 폭력 축소 및 예방을 위해서는 분쟁 당사자들을 떼어놓고 서로의 입장을 차분하고 균형 있게 말하게 하고, 분쟁 중단 및 평화로운 관계로의 전환 방안을 논의할 장을 마련하는 한편, 분쟁 과정에서 사망, 부상, 파괴 등 피해를 조사한 후 적절한 배·보상을 하고 교훈을 삼는 기념 및 교육사업을 전개하도록 한다. 이때 폭력은 국가간 전쟁만이 아니라, 내전 혹은 국가권력에 의한 시민들에 대한 광범위한 억

사진 2-1 평화운동에서 법제화는 매우 중요한 수단이다. Ⓡ시민평화포럼

압과 학살일 경우도 있다.

평화운동의 둘째 목표인 평화 달성과 관련지어 평화운동 수단을 생각해보자. 소극적 평화의 경우 정치군사적 신뢰구축, 군축, 평화협정 체결, 관계정상화, 그리고 적극적 평화의 경우 민주화, 성장과 분배의 병행, 소수집단 차별 금지, 평화문화의 확산 등이 대표적인 수단이다. 이때 평화운동은 권력집단은 물론 기성 정치세력 전반이 평화 달성에 소극적일 가능성이 높아 위와 같은 일을 여론화 하고 나아가 법제화 하는 과정을 선도할 필요도 있다. 또 시민사회를 향해서는 민간인의 무기 소지 금지, 분쟁 기간에 발생했던 민간인들 사이의 적대와 원한관계의 해소, 즉 평화적 갈등해결 노력을 벌여나갈 수 있다. 정치적 억압의 피해자들의 명예회복 및 피해 배·보상 지원, 빈곤계층의 기본권 보호와 그를 위한 정부 역할 촉구 및 법제화 노력도 평화운동이 벌여나갈 수 있는 일이다.

셋째, 평화운동의 역량 강화 수단으로는 학습, 연수, 답사는 물론 평화운동에 직접 참여하면서 자신의 역할과 과제를 스스로 혹은 주변 활동가들로부터 평가받는 것도 가능하다. 그리고 관심 있는 운동 주제에 관해 경험 많은 활동가나 평화운동과 관련을 맺고 있는 연구자들과의 대화나 자문도 유익할 것이다. 사실 폭력적 수단을 제외하고는 이 세상에 존재하는 거의 모든 지식과 법제도를 평화 달성을 위해 쓸 수 있으므로 기성 평화운동가들과 관련 전문가들과의 소통을 통해 창의적인 방법을 개발해낼 수 있다.

이처럼 평화운동의 수단은 평화운동의 목표로부터 도출해볼 수도 있고, 다른 측면에서도 생각해볼 수 있다. 정치와 법, 사회·경제, 교육·홍보, 그리고 국내외 협력 등과 같은 영역에서 평화운동의 수단이 존재한다. 정치와 법의 영역에서 평화운동은 기성 정부의 정책과 관련 법률을 모니터링(monitoring)하고 필요시 개정을 요구할 수 있고 나아가 새로운 정책과 법률 제정을 제안할 수 있고, 그 과정에서 정부와 국회에 로비를 하거나 입법 청원을 할 수도 있다. 경제적 영역에서도 평화운동은 폭력(주로 국가폭력)의 피해자들이 생존·자립할 수 있도록 모금활동을 벌이거나 생계를 지원할 수 있고, 삶과 운동을 결합시킨 대안적 공동체를 형성할 수 있고, 정부와 의회에 폭력의 피해자들의 자활·자립을 지원하는 경제대책, 나아가 경제적 불평등이 물리적 갈등으로 비화하지 않도록 정의로운 경제정책을 촉구할 수 있다. 사회적으로는 피해자들이 일상생활은 물론 직업을 구하는 일이나 직장에서 공정한 대우를 받도록 하는 제도 수립과 교육활동을 전개할 수 있다. 협력은 평화운동의 대의(大義)를 바탕으로 같은 뜻을 가진 개인과 단체의 참여를 늘리고 유관 활동단체와 함께 해 운동의 효과를 높이는 제반 노력을 말한다. 평화운동은 그속성상, 그리고 필요에 의해 협력의 망이 국내로 한정되지 않고 전 세계로 열려있다는 데 특징이 있다.

평화운동의 수단은 실제 활동이 일어나는 구체적인 현장에서 더욱 풍

사진 2-2 평화운동가들은 스스로 학습하고 서로 격려하면서 역량을 강화한다. ⓡ참여연대

부하게 개발하고 활용할 수 있다. 『평화만들기 101 *101 Solutions to Violence, Terror and War*』를 펴낸 에슈포드와 도운시는 평화운동의 풍요로움과 즐거움을 각각의 현장과 운동 주체 속에서 잘 드러내준다. 책 제목이 바로 평화운동의 많은 수단을 말해주고 있다. 가령, 이들은 개인이 할 수 있는 평화운동으로 "일어나라 말하라 단결하라.", "힘없는 사람을 대변한다.", "전쟁 프로파간다를 거부한다." 등 10가지를 제시하고, 여성을 위한 평화운동 수단으로는 "군사주의와 군사 기지를 거부한다.", "아이들을 대변한다.", "갈등을 비폭력으로 해소하는 법을 배운다." 등 10가지를 제시하는 식이다. 또 두 평화운동가는 아이와 청소년, 학교와 교육자, 활동가, 종교단체, 분쟁지역의 언론, 전문가 집단, 기업, 도시, 국가, 국제사회, 분쟁 국가 등등이 할 수 있는 평화만들기 방법을 제시하고 있다. 이들 수단은 일부는 경쾌하고 일부는 무겁고 힘들어 보인다. "평화로 가는 길은 없다, 평화가 곧 길이다." 평화운동가들이 가장 좋아하는 말일 것이다. 평화운동의 목표를 명심하고 평화운동의 수단을 풍부하고 균형 있게 개발하는 것이야말로 이 말을 입증하는 길이 아닐까?

■ 더 읽을 책

메리 와인 에슈포드 · 기 도운시 지음, 추미란 옮김, 『평화만들기 101』,
　　동녘, 2011.

서보혁 · 정욱식, 『평화학과 평화운동』, 모시는사람들, 2016.

■ 토론 주제

1. 평화운동의 목표를 한반도 상황을 반영해 토론해보자.

2. 평화운동의 수단을 어떻게 효과적으로 활용할 수 있는지 생각해보자.

■ 3장

평화운동의 영역과 조직화

1. 평화의 영역

이 장에서는 평화운동의 영역과 그 방식, 그리고 평화운동을 조직하는 방법을 생각해보도록 하자. 먼저, 평화운동은 어디서부터 어디까지인가? 이 질문은 평화가 어디서부터 어디까지인가 하는 질문과 동전의 양면을 이룬다. 평화운동은 평화를 달성하려는 일련의 행동이기 때문에 이 둘은 서로 맞물려 있다. 필자는 앞에서 소개한 책, 『평화학과 평화운동』에서 평화를 정의하고 다양한 의미를 갖는 평화를 언급한 바 있다. 그리고 후반부에 평화를 크게 생태평화, 민주평화, 연대평화, 통일평화 등 네 가지로 제시한 바 있다. 이때 다룬 평화는 한반도 상황을 염두에 두며 분류한 것이어서 특수한 성격을 가진 통일평화가 포함된 것이다. 나머지 세 가지 평화는 보편적인 성격을 띠는 것으로서, 여기서 한반도 평화는 보편성과 특수성을 동시에 띰을 할 수 있다. 그러나 평화(운동)를 말할 때 전쟁 반대를 빼고 말하기는 곤란하다. 그래서 필자는 2017년에 쓴 논문에 위 넷에 반전평화를 넣어 평화를 다섯 가지 범주로 다시 설정한 바 있는데, 아래 평화의 범주에 관한 논의는 위 논문에서 따와 보충한 것이다.[1] 다만, 여기서 일반적인 차원에서의 평화를 논하고 있으므로 통일평화를 빼고 나머지 넷으로 평화의 범주를 생각해보고 그것이 평화운동의 범주와 연결됨을 논의해보고자 한다.

첫째, 반전평화는 평화학의 전통적인 연구 영역이다. 사실 인류 역사가 시작된 때부터 전쟁을 비롯한 물리적 폭력은 평화의 일차적 관심사였다. 1945년 8월, 태평양전쟁 막바지에 미국이 원자폭탄을 일본에 투하하고 냉전시기를 거치며 핵무기 개발 경쟁이 격화되면서 핵전쟁 위험이 커져 반전평화는 '반전반핵평화'로 부르기도 한다. 한반도에서도 미국의 대북 핵공격 독트린과 북한의 핵무기 개발로 반전반핵은 평화의 제일 범주로 삼기에 충분하다.

두 번째 범주는 민주평화이다. 민주평화 하면 민주주의 정치체제에 의한 평화를 생각하게 된다. 이를 위해서는 국제사회를 구성하는 주권국가가 입헌공화제를 채택하고 그 연합으로 세계평화를 가져올 수도 있지만, 그 과정에서 민주국가와 비민주국가 간의 전쟁 가능성으로 인해 평화를 기약하기 어려울 수도 있다. 그동안 많은 경험연구를 통해 민주주의 국가들 사이에는 전쟁이 적은 반면, 민주주의 국가와 비민주주의 국가들 사이에는 전쟁 가능성이 높다는 점을 밝혀내면서 민주평화론이 설득력이 있는 것처럼 보이기도 한다. 그러나 여기서 말하는 민주평화는

1　서보혁, "통일문제의 평화학적 재구성,"『한국민족문화』, 제63호(2017), pp. 54-55.

특정 이념이나 정체(polity)로 한정되지 않고, 지속가능하고 안정적인 평화공동체 건설을 위해 필요한 가치, 문화, 제도, 정책 등을 민주주의 원리에 입각해 사회를 재구성한다는 의미이다. 만약, 민주평화론에서 '민주'를 특정 정치체제나 이념으로 설정할 경우 민주주의 국가와 비민주주의 국가들 사이의 분쟁을 정당화 할 위험이 있다. 미국이 북한을 핵공격하려는 것을 민주평화론으로 정당화 할 수도 있는데, 이는 민주평화론이 평화의 한 범주가 아니라 전쟁을 조장하는데 악용될 수도 있음을 의미한다.

세 번째 범주는 연대평화이다. 일반적으로 연대는 공통의 목적을 추구하는 과정에서 뜻을 함께 하는 사람들 사이의 협력과 우애로 정의할 수 있다. 산업화 이후에 연대는 일국적, 세계적 차원에서의 불평등 관계를 폭로하고 혁명과 해방을 추구하는 세력 내의 전투적 단결을 의미하기도 했다. 그런 급진적인 의미를 떠나서도 연대는 억압과 착취, 불평등으로 기득권을 형성 유지하는 집단의 폭력을 폭로하고 그에 대항해 자유와 민주, 평등을 추구하는 사회적 약자들의 단결을 의미한다. 국제연합 헌장에서 언급하고 있는 우애와 협력은 연대평화를 묘사하는 다른 표현이고, 그 역사적 기원은 프랑스혁명이 천명한 3대 가치 중 하나로 밝힌 '박애'이다.

네 번째 범주로 제시할 수 있는 생태평화는 전쟁뿐만 아니라 인간의 소외와 자본의 물신화를 초래하는 인간 자신과 자연에 대한 각양의 착취, 파괴에 주목하고 그 극복을 탐구하는 영역이다. 오늘 세계 현실을 보아도 자연파괴와 그 결과 기후변화의 영향으로 생태평화의 의미가 급부상하고 있다. 성장지상주의로 자연파괴, 인간과 자연의 대립을 겪고 있는 오늘날에 이르러 생태평화의 의미는 더 커지고 있다. 인간과 자연의 조화, 인간과 우주(섭리)의 공존, 이를 가능케 하는 모든 생명에 대한 존

중과 공생의 자세는 생태주의적 삶과 가치를 개인에서부터 지구와 우주
까지를 관통하는 것이다.

2. 평화운동의 영역

평화를 이렇게 크게 네 범주로 나눌 수 있다면 평화운동도 네 범주로
생각해볼 수 있다. 첫째, 반전반핵운동은 모든 폭력에 반대한다는 평화
운동의 기본자세에 입각해서 폭력의 대명사인 전쟁과 특히 가공할만한
희생을 초래하는 핵전쟁을 반대하는 평화운동을 말한다. 반전운동은 1차
세계대전 이전에도 일부 종교인들과 양심적인 사람들에 의해 일어났다.
19세기 유럽에서는 국가(민족)간 대립이 전쟁으로 격화될 가능성을 우려
해 평화운동가들이 국제평화협회(International Peace Congress) 등을 만들
어 중재와 국가간 대화를 촉구하고 나섰다. 그러나 본격적인 반전운동은
1차 세계대전 발발 후부터였다. 1차 세계대전은 병사 9백만여 명이 희생
된 사상 초유의 대전(great war)으로서 인류 이성에 대한 회의를 초래하
기도 했다. 1차 세계대전을 전후로 민족자결운동과 군축운동이 일어났
고, 2차 세계대전 이후는 반전운동이 반전반핵운동으로 확대되었다. 오
늘날 반전운동은 내전을 포함한 모든 전쟁, 모든 무기 생산 및 거래, 핵
무기 개발 및 확산 등을 중단하고 예방하는 일을 통칭한다. 평화운동은
좁게는 반전반핵운동을 지칭할 만큼 이 운동은 평화운동의 핵심이고 아
래에서 살펴볼 다른 평화운동과 연결하여 평화운동을 확대하는 발판이
기도 하다.

둘째, 민주화 운동이다. 민주화 운동이 평화운동인가는 논란이 있을
수 있다. 민주화 운동을 모두 평화운동이라 하기는 어려울 수도 있다. 권

위주의 체제 하에서 민주화 운동은 인권운동이자 정치변혁운동인 경우가 많다. 그럼에도 평화운동의 범주에 민주화 운동을 포함시킬 수 있다. 전쟁을 비롯한 폭력은 근본적으로 자신의 욕심을 절대화 하고 타자에 대한 차별과 적대에 기인하는데, 이는 생명 존중과 상생 원리를 무시하므로 생명과 배려, 공존 등 민주적 덕성에 대한 교육과 내면화를 필요로 한다. 또 전쟁을 촉발하는 군비경쟁은 국가안보 프레임에 갇혀 정당화 되거나 예산을 포함한 관련 정책이 투명하게 결정되지 않기 때문인데, 이는 민주적 절차와 시민의 참여 및 알권리, 그리고 열린 토론이 부재한데서 기인한다. 그런 현상들은 민주적 절차와 안보정책에 대한 문민통제 원리와 관련된다. 그러므로 민주주운동이 평화운동의 주요 범주 중 하나로 꼽을 수 있다. 특히, 군부권위주의 체제는 장기집권을 위해 패권국가와 군사적 종속관계를 맺고 안보 논리를 이용해 시민을 억압한다. 이런 사례는 냉전 시기 미국과 친미 군부권위주의 정권의 유착관계에서 적나라하게 드러났는데, 박정희 정권, 전두환 정권도 마찬가지였다. 그런 경우 평화운동은 전쟁위험이 있는 안보정책 결정과정, 가령 패권국가로부터의 대규모 무기도입이나 안보조약 체결, 합동군사연습, 혹은 패권국의 요청에 의한 군대 파견 등에 관한 정보공개, 국제법적 검토, 국회 비준 활동을 전개할 수 있다.

　세 번째 범주로 연대운동을 꼽을 수 있다. 세계평화가 이루어질 때까지 한 나라, 한 지역에서의 평화는 잠정적이고 깨어지기 쉽다. 평화운동은 국제성, 나아가 세계보편성을 갖고 있기 때문에 세계 각지의 모든 사람들이 손잡을 수밖에 없다. 평화운동이 필연적으로 연대운동인 이유이다. 그래서 18~19세기 유럽에서 시작된 평화운동은 점점 확대되어 1차 세계대전을 거친 이후에는 유럽과 미주는 물론 아시아, 아프리카 등지에서도 조직화 되었다. 냉전시대에 들어서는 전 세계 각지에서 각양의 단체들이 만들어져 평화운동의 세계화가 이루어졌다. 또 실제 한 곳, 한 이슈에서의 평화운동은 다른 곳, 다른 이슈에서의 평화운동과 연대, 연계, 협력하지 않으면 그 곳, 그 이슈에서의 평화운동도 성공하기 어렵다. 좋은 예로 민족해방운동의 성격을 가진 베트남 전쟁은 미국이 개입해 장기화 되었는데, 미국의 베트남전 중단 및 미군 철수는 베트남 인민들의 가열찬 투쟁은 물론 미국과 유럽을 비롯한 전 세계 곳곳에서 전쟁반대, 미군철수를 주장하고 베트남 인민의 투쟁을 지지하였기 때문에 가능했다. 또 2003년 감행된 미국의 이라크 침략도 세계적인 반대 여론에 직면했다. 이라크 침공 반대운동은 비록 미국의 침략을 저지하지 못했다. 그러나 이후 미국과 영국 내 침략 결정과정과 점령 이후 이라크인들에 대한 불법구금 및 고문 사실 폭로와 양국 의회에서 진실규명 작업이 일어난 것은 세계적인 전쟁반대 여론에 힘입은 바 크다. 연대운동은 이렇게 평화운동의 주요 범주로 삼을 수 있다.

네 번째, 생태운동은 생명을 파괴하는 온갖 폭력에 반대하고 생명 간의 공생·공존을 추구하는 살림운동이라고 부를 수 있다. 대규모 사상자를 초래하는 전쟁을 반대하는 것이 바로 평화운동이요, 생태운동이다. 다만, 생태운동은 사람만이 아니라 지구상에 존재하는 온갖 종류의 생명체의 죽임에도 똑같이 주목한다. 그것은 인간이 가하는 폭력 혹은 인간의 만족을 위해 만들어낸 문명으로 인해 피해를 당하는 현상을 포함한다. 전쟁에 대비한다는 명목으로 만들고 유지하는 군사기지로 인해 그 지역 일대의 동식물과 토양이 파괴되는 현상, 또 그런 기지를 지속시키기 위해 정부가 외국군인들을 대상으로 하는 기지촌을 묵인하고 지역주민, 특히 여성들을 향한 폭력을 국내법에 의해 공정하게 심판하지 못하는 현상도, 무기산업이 뿜어내는 환경 파괴와 함께 생태운동의 대상이다. 나아가 생태운동은 그런 죽임의 문화로 피해 받는 생명의 살림과 더

불어 그들이 자신의 삶터에서 스스로 살아갈 희망과 역량을 높여가는 일을 전개한다. 생태운동은 자치자립운동과 한쌍을 이루며 평화운동을 구성하는 것이다.

마지막으로, 평화운동의 범주로 하나 더 제시할 수 있는 것이 화해운동이다. 화해운동은 국가간 전쟁이든, 내전이든 물리적 충돌을 겪은 집단들 사이에 만들어진 적대감을 해소하고 대신 화해하고 공존공영을 함께 추구하는 제반 활동을 말한다. 한반도 평화는 전쟁을 벌인 남·북한과 미국, 중국(조선족 포함) 사이의 적대의식을 화해협력으로 전환시키지 않고는 요원하다. 특히, 남북한 사이의 교류협력, 북한과 미국 사이의 관계정상화는 정치적 득실 문제가 아니라 화해의 실천이고 그럴 때 한반도 평화가 다가온다. 이스라엘과 팔레스타인이 공존하는 방안으로 양측과 국제사회가 마련했던 '두 국가 공존책(two states solution)'은 이스라엘 정부의 약속 위반과 미국의 이스라엘 편중 외교로 무산될 처지에 있다. 화해를 거부하고 '힘에 의한 평화'를 평화라고 강변하는 가운데 이스라엘과 팔레스타인은 화해는 커녕 적대의식이 더 높아지고 있다. 화해운동은 근본적으로 나를 세계의 일부로 한정짓고 이웃 없이는 행복할 수 없다는 깨달음에서 출발한다. 상대의 잘못을 크게 보고 심지어 상대를 악마화하는 대신, 자신을 선으로 구별하는 것은 화해와 더 멀어지는 것이다. 화해운동은 자기성찰과 상대 존중을 바탕으로 지속가능한 평화(sustainable peace)를 만들어가는 열쇠이다.

3. 평화운동의 방식

　평화운동은 다른 사회운동과 마찬가지로 다양한 방식으로 자기 목표와 주장을 펼친다. 전통적인 방식으로 집회와 홍보를 들 수 있고, 사회가 다원화, 민주화 되면서 평화운동의 목표를 합법적으로 달성하는데 로비와 대안 제시가 긴요하다. 이를 위해 정책 대안을 연구해 제시하는 일은 필수적이고, 국제적인 문제의 경우 국제협력을 전개해야 하며, 정보화 시대에 접어든 21세기 들어서는 이상과 같은 활동을 온라인(online)에서도 전개하며 지지를 넓혀가야 하는 환경의 변화에 직면하고 있다.

　집회 혹은 시위는 규모에 따라 1인 시위, 중소 규모 시위, 대규모 시위가 있고, 합법성 여부에 따라 합법 집회, 비합법 집회가 있다. 이 중 1인 시위는 그 규모는 작지만 대중의 관심을 끌 수 있고, 시위 기간이 길어지면 언론과 정부의 관심도 높아질 수 있다. 비합법 집회는 평화운동이 합법집회를 추진하지만 정부가 석연치 않은 이유를 들어 집회를 불허할 경우에 맞서서 집회를 여는 경우를 말하는데, 이때 집회는 기본적으로 평화집회로 열린다. 진행과정에서 1인 시위가 중소 규모 시위로 커질 수 있고, 합법 집회가 불법 집회로 변할 수도 있다. 집회 이후 시위가 진행되거나, 둘이 동시에 진행되는 경우도 있는데 '집회 및 시위에 관한 법률'도 이런 점을 반영해 둘을 같이 다루고 있다. 집회 및 시위를 통해 평화운동은 군사 공격을 감행해 인명 피해를 일으킨 정부의 책임자를 고발하고 피해자의 입장을 알리고, 전쟁 중단과 관련국들 간 협상, 그리고 전쟁 피해자 보호를 위한 대책을 촉구한다.

　홍보 혹은 선전도 평화운동의 기본적인 활동 방식의 하나이다. 홍보는 집회 및 시위 과정에서 이루어지기도 하고 별도의 행사를 통해 이루어지기도 한다. 홍보 역시 전쟁 등 폭력이 이루어진 사실과 그 책임, 피해 실태를 고발하고 그 해결책을 담는다. 전통적인 홍보 방법으로는 유인물, 대자보, 현수막 등이 이용되어 왔으나 온라인이 발달한 오늘날에는 동영상, 카드뉴스, 댓글쓰기 등의 방법으로 사회관계망(SNS)을 활용하는 추세도 커지고 있다. 그런 매체는 폭력 행사자의 잔인함이나 피해자에 대한 동정, 그리고 피해자를 포함한 평화운동에 대한 공감 등 대중의 감성을 자극하는 방식이 활용되기도 한다. 또는 전쟁, 환경파괴, 인종차별, 소수집단 억압 등을 중단시킬 정치적, 법적, 도덕적 주장을 논리적으로 제시하는 방법도 적용할 수 있다. 이런 방식으로 집회와 홍보는 평화운동의 목표와 입장을 정당화 하고 지지를 획득하는데 유용하다.

그러나 집회와 홍보만으로는 평화운동의 목표를 달성하는 데는 한계가 있다. 잘못된 법을 폐지하고 필요한 법을 제정하는 데는 의회와 관련 정부 기관을 향한 로비가 필수적이다. 특히, 절차적 민주주의가 제도화된 사회에서 평화운동은 지지 여론을 형성한 후에는 로비를 전개하는 것

사진 3-1 대규모 시위는 평화운동의 대표적인 활동 방식이다. ⓡ트럼프 방한 즈음 시민 평화행동

이 통상적인 활동으로 자리잡아 왔다. 이 로비는 물론 관련 사안에 대해 평화운동이 대안을 수립한 것을 전제로 한다. 로비와 대안 제시는 거의 동시에 이루어진다. 대안 제시는 가령, 군부대 인근 지역 주민이 군사훈련으로 소음 피해를 받거나 군부대의 무단 폐유 방류로 토지가 오염됐을 경우 실태조사, 군부대와 지역 주민의 입장 청취 후 피해보상과 그런 피해를 묵인 방조해온 관련 법의 개정 방안을 제시하는 것을 말한다. 로비와 대안 제시는 법 절차에 대한 이해와 정부 및 의회에 대한 설득력을 필요로 하기 때문에 평화운동은 피해 주민과 전문가들을 연결해주고 그런 과정을 통해 평화운동의 저변을 넓혀간다.

마지막으로 연대는 평화운동의 속성이기도 하지만 활동 방식으로도 볼 수 있다. 연대는 국내 연대와 국제 연대, 사안별 연대와 일반적 연대 등 다양한 형태를 띨 수 있다. 그 과정에서 평화운동은 다른 사회운동 ─ 인권운동, 여성운동, 환경운동 등 ─ 과 협력하기도 하고 필요에 따라 정치인, 법조인, 연구자집단과도 협력할 수 있다. 평화운동의 연대 폭이 넓어질수록 그 목표를 달성하는데 더 유용할 것이다. 국내 연대의 경우 로비와 겹쳐지기도 한다. 국제 연대는 세계적인 평화 이슈에 대한 연대와 국내 이슈에 대한 국제 평화운동의 지지를 얻기 위한 연대로 나눠 생각해볼 수 있다. 한국 평화운동을 기준으로 볼 때, 2000년대 초 미 부시 행정부의 이라크 침략 반대운동은 앞의 경우이고, 일본 제국주의세력에 의한 전시 성노예제(소위 종군위안부) 관련 진실규명운동에 대한 국제연대는 뒤의 경우이다.

이런 방식의 평화운동을 보면서 평화운동의 몇 가지 특징을 생각해볼 수 있다. 첫째, 평화운동은 비폭력운동이다. 평화운동이 폭력 없는 세상을 추구하기에 운동 방식에서 폭력을 배제하는 것은 당연하다. 물론 특정 상황, 가령 광주민주화운동 사례에서 보듯이 권력 찬탈을 위해 시민을 살상하는 군대에 맞선 정당방위 행사를 하는 경우도 없지는 않다. 둘째, 평화운동은 영구적인 성격도 띤다. 인간사회가 존속하는 한 폭력도 사라지지 않을 것이라는 '현실주의적' 시각의 설득력이 작지 않다. 인간의 본성이 신과 짐승 사이에 있다고 한다면, 그 심성에 평화와 폭력이 공존하고 있다. 그러므로 폭력문화를 사라지게 하는 데는 평화문화를 고양하는 길밖에는 없다. 평화운동이 영구적 사회운동인 이유가 여기에 있다. 셋째, 평화운동은 또 세계적 성격을 지니고 있다. 시리아, 이라크에서 장기분쟁으로 죽음과 굶주림, 그리고 유랑이 계속되는데 서울 번화가에서 즐기는 향락을 평화라 할 수 있을까? 관련국들, 특히 미국과 북한의 제어되지 않는 갈등으로 한반도 전쟁 위기가 줄어들지 않는 가운데서 서유럽 선진국(?) 시민들의 행복이 지속가능할까? 평화운동은 세계평화를 추구하므로 한 곳의 평화를 세계평화의 관점에서 사고하는 것이다. 그 밑바탕에는 평화를 지향하는 생물종으로서 인간의 공감 능력에 대한 믿음이 자리하고 있다.

4. 평화운동의 조직화

다음으로 평화운동을 어떻게 조직하는지 그 과정을 간략히 살펴보자. 정책학(policy studies)은 정책결정 및 집행 과정을 깊이 있게 다루는 학문이다. 그 영역은 거의 모든 인간사회의 관심사를 망라한다. 정책학에서는 또 정책결정 및 집행 과정을 거친 이후 그 결과가 최초 목표를 달성했는지를 다루는 정책평가에도 관심을 두고 있다. 그런 흐름이 한번 전개되면 그 결과가 다시 정책결정에 영향을 미친다(환류, feedback)고 본다.

위와 같은 정책학의 논리를 빌려 평화운동이 조직화 되는 과정을 6단계로 살펴보도록 하자. 이해를 돕기 위해 밀양 고압송전탑 건설 반대운동 사례를 염두에 두고 우리 집 부근에 고압송전탑을 건설한다고 가정해보자. 우선, 정부의 송전탑 건설 결정이 해당 지역주민들의 입장을 충분히 수렴하지 않고 사실상 밀실에서 이루어졌다고 하자. 그리고 송전탑 건설시 지역주민들의 재산권 행사와 건강이 크게 위협받을 개연성이 크다. 그런 절차상, 실체적 두 측면에서 송전탑 건설은 지역 평화운동은 물론 전국, 나아가 발전, 에너지, 생태 등을 다루는 세계 평화운동의 관심사가 될 수 있다. 지역 평화운동은 해당 지역사회의 양심적이고 진보적인 시민사회운동 진영을 말하는데, 여기에 송전탑 건설 인근 지역주민들은 물론 이 문제에 관심을 갖고 참여하는 주민들도 지역 평화운동에 포함될 수 있다.

평화운동은 우선, 송전탑 건설 문제를 공론화(公論化)하는 것이 이 문제에 대응하는 일단계 조치이다. 공론화는 여론화라고 말해도 좋은데, 대중이 해당 사안에 관심을 갖도록 하고 그것을 사회적 관심사로 부각시

사진 3-2 연대는 평화운동의 특징이자 활동방식이기도 하다. ⓡ참여연대

키는 작업이다. 이를 위해 사실 규명과 홍보가 이루어져야 한다. 송전탑 건설 결정과정에서 절차상 문제와 송전탑 건설시 긍부정적 결과도 다룰 것이다. 이때 사안이 언론과 의회에서 다뤄진다면 공론화는 성공한 것으로 볼 수 있다.

두 번째 단계는 지지세력(advocacy group) 형성이다. 당연한 절차이다. 평화운동은 폭력을 기반으로 하는 기득권 체제에 대항해 비폭력을 기반으로 해서 평화공동체를 만들어가는 현상변경 노력이다. 그런 점에서 평화운동은 현상유지 세력에 비해 소수이고, 물질적 문화적 모든 측면에서 불리하다. 그런 구조적인 제약 하에서 평화운동의 지지세력 형성은 평화운동의 목적 달성에 필수조건이다. 위 송전탑 건설 반대운동을 예로 들어보면 그때 지지세력이란 송전탑 건설의 밀실 결정을 폭로한 지역운동 활동가와 기자, 피해 주민들의 입장을 공감하고 지원하는 시민들, 이들의 피해보상과 송전탑 건설문제를 재논의하도록 정치권과 의회에 압력을 가하고 로비하는 전문가들을 포함한 양심적인 지식인들, 그에 동조하는 일부 정치인, 관료들, 그리고 이들의 활동을 해외로 알리고 직간접적으로 연대하는 해외 평화운동세력을 망라한다. 문제는 평화운동이 이들 지지세력을 잘 묶어내고 각 지지세력을 적재적소에 배치해 운동 목표를 달성하는데 효과적으로 기여하도록 조직하는 능력이다.

3단계는 이상 두 단계를 거쳐 송전탑 건설 문제가 사회와 정치권에서 의제로 다뤄지도록 하는 것이다. 의회에서는 송전탑 건설 결정과정과 현황에 대한 공청회와 관련 이해당사자들의 입장을 경청하고, 중앙 및 지방 정부에서는 지금까지 추진과정을 재평가하고 개선점을 검토하면서 지역주민들의 입장을 수렴한다. 언론에서는 송전탑 건설을 추진하는 과정에서 공권력에 의한 인권침해도 다뤄질 것이다. 물론 의제화 단계에 들어섰다고 해서 문제가 된 사안이 반드시 평화운동의 입장으로 변경되는 것은 아니다. 의제화 단계에서 공정하고 포괄적이고 객관적인 조사와 소통이 이루어질 때 지역주민의 인권, 지역사회의 발전, 국가 차원의 발전, 그리고 세계 보편가치의 존중을 조화시킬 틀을 마련할 수 있다. 일방적인 국책사업의 추진 과정은 국가 및 지역 차원의 '발전'이라는 미명 아래 해당 주민들과 국민들의 권리와 보편가치가 묵살당하는 경우가 일어난다. 의제화 단계는 그런 잘못된 관행을 개혁할 사회적 여론을 조성하고 문제가 되는 사안을 공정하고 균형있게 재검토할 소통의 틀을 마련하는데 그 의의가 있다.

4단계 결정과 5단계 실행 과정은 연속선상에서 이루어지기 때문에 함께 다루어도 무방할 것이다. 공론화 및 의제화 단계를 거쳐 정부와 의회에서 송전탑 건설 문제를 재검토하기로 결정했다고 하자. 평화운동은 그 결정에 따라 재검토 절차가 민주적이고 투명하고 이해당사자들의 폭넓은 참여가 이루어지도록 하는 한편, 송전탑 건설 문제가 공존, 생태, 연대, 화합 등 평화운동의 방향성에 부합하도록 이끌어가야 할 것이다. 재검토 결과 국가 에너지 정책을 추진함에 있어서 지역주민의 생존권과 행복추구권, 환경 보존, 그리고 민주적 절차 등을 두루 반영하기로 했다고 가정하자. 그런 결정이 실행으로 현실화 되도록 하는 것이 해당 사안에 관해 평화운동이 취할 결정적인 단계의 조치이다. 다만, 결정에 비해 실행에 시간과 비용이 클 것이므로 인내심을 갖고 평화운동의 목표를 견지하면서 감시(monitoring) 활동과 소통을 지속하는 것이 적절한 결정의 실행을 완료하는데 관건으로 작용할 것이다.

마지막 6단계 환류는 이상과 같은 일련의 평화운동의 조직화 과정을 보다 개선된 상태로 지속하도록 하는 조치이다. 즉, 유사 사안이 다시 벌어질 경우나 위에서 예를 든 것처럼 같은 사안이 반복될 경우 실행 결과를 최초의 조직화 단계와 연계시키는 조치를 말한다. 이를 원활하게 하기 위해서는 예를 들어, 송전탑 건설 반대 투쟁의 조직화 과정을 객관적으로 기록하고, 적절한 기준으로 평가하고, 그에 대한 공감대를 형성하는 작업이 필요하다. 그럴 때 환류가 형식에 그치지 않고 유사 사안이 반복될 때 평화운동이 사회적 갈등 비용을 최소화 할 뿐만 아니라 '평화적 갈등 전환'으로 평화로운 사회를 만드는데 기여할 것이다.

■ 더 읽을 책

수잔 L. 카펜터 · W. J. D. 케네디 지음, 정주진 옮김, 『공공갈등 해결:
　　정부 기업 시민단체를 위한 실전가이드』, 아르케, 2010.

가상준 · 김강민 · 김재신 · 임재형, 『공공갈등 국민에게 묻는다』, 노스보
　　스, 2015.

■ 토론 주제

1. 평화운동이 어떤 영역에서 벌어지는지 토론해보자.

2. 평화운동은 어떤 방식으로 전개되는지 경험했거나 들은 것을 나눠보
　　자.

3. 평화운동을 어떻게 조직화 하는지, 평화운동가라고 생각하고 말해보
　　자.

4장

평화운동과 평화문화

1. 전쟁과 '공격의 사회화'

엘리스 볼딩(Elise Boulding)은 『평화문화-숨겨진 역사(Cultures of Peace : The Hidden Side of History)』의 첫 장에서 다음과 같이 전쟁의 역사에 대해 언급한다.

> ....우리의 역사는 로마제국의 번성과 몰락, 수세기 동안 진행된 유럽의 전쟁, 성지 탈환을 위한 2세기 동안의 십자군 전쟁, 그리고 투르크가 비엔나 성문에 당도했을 때 유럽 심장부를 위협하고 이슬람을 전파하지 못하게 저지한 것 등을 기록하고 있다. 이것은 서구사회 위대함의 씨앗을 품은 역사로 여겨진다. 2세기 이상 유럽을 잔인하게 약탈한 북방 해적인 바이킹조차 영광스런 역사의 일부다(p. 14).

'인간의 역사는 곧 전쟁의 역사'라며 인간과 전쟁의 뗄 수 없는 관계를 주장하는 사람들은 이런 냉소적인 문제 제기를 의아하게 생각할 것이다. 그런 사람들은 전쟁을 외면하고는 인간의 역사를 제대로 이해할 수 없고, 그렇기 때문에 전쟁이 역사 기록의 많은 부분을 차지하는 것이 당연하다고 주장하기도 한다. 그러나 볼딩은 바로 그 점에 문제를 제기한다. 전쟁의 역사를 자연스럽고 나아가 자랑스런 역사로 생각하는 것 말이다. 볼딩은 폭력을 숭배하고 찬양하는 인류사회의 폭력문화를 지적한다. 볼딩의 문제의식은 다음 문장에서 선명하게 드러난다.

> 현대사회의 폭력에 대한 최근의 연구는 시민사회의 높은 공격 수준은 그 사회가 최근 전쟁에 참여한 것과 관련돼 있다고 말한다. 전쟁 준비와 전투에 몰두하는 공격의 사회화(socialization for aggression)는 시민의 행동에 영향을 미친다. 간단히 말해, 공격의 사회화가 전쟁을 야기함은 물론 전쟁이 공격의 사회화를 야기하기도 한다. 이렇게 자유롭게 떠도는 공격성은 정치적 생활과 사회운동(평화운동도 마찬가지다!), 스포츠, 시각 및 공연 예술과 관련된 언어와 행동 대응에 영향을 미친다. 또한 사회매체 보도의 내용과 형태에도 영향을 미친다(p. 16).

볼딩이 전쟁의 역사를 언급하면서 궁극적으로 제기하는 문제는 전쟁을 숭배하고 찬양하는 문화가 현재의 사회 전반에 미치는 영향이다. 이것은 소리도 냄새도 없이 사회 전반에 침투해 결국 사회를 지배하고 인간을 통제하는 광범위한 폭력의 문화를 만든다. '공격의 사회화'는 전쟁과 폭력적인 문화의 상호연관성을 잘 설명해준다. 여기서 특별히 주목해야 할 것은 '공격의 사회화'로 묘사되는 폭력문화가 결국 전체 사회, 그리고 모든 구성원에 대한 폭력이 된다는 것이다. 그런데 사회와 구성원들은 그에 대해 자각하지 못하고 거기에 매몰돼 살아간다. 볼딩이 강조하는 것은 결국 전쟁에 대한 숭배와 찬양에서 비롯돼 다시 전쟁을 낳는 사회의 폭력문화(culture of violence)다. 그러나 폭력문화는 전쟁에만 관련된 것이 아니다. 물론 볼딩도 전쟁만을 언급하지는 않는다. 그럼에도 불구하고 전쟁에 초점이 맞춰지는 이유는 전쟁이 가장 광범위하고 참혹한 피해를 야기하는 폭력의 사례기 때문이다.

폭력문화에 대한 대응은 보통 평화문화(culture of peace)의 제안으로 나타난다. 평화문화는 전쟁 문화(culture of war)에 대한 거부는 물론 사회에 존재하는 모든 폭력을 거부하고 제거하는 것이 자연스럽고 당연하게 여겨지는 문화를 의미한다. 사실 여기서 주목해야 할 것은 '문화'다. 지금도 인류가 전쟁과 무기를 숭배하고, 전쟁과 무기가 효율적으로 평화를 지키고 유지하는 수단이 된다는 허상에서 벗어나지 못하는 이유는 폭력에 대한 의존과 폭력의 실효성에 대한 믿음과 승인이 말 그대로 '문화'로 침투돼 광범위하게 각 사회에 영향을 미치고 있기 때문이다. 그렇다면 폭력문화를 극복하기 위해서는 평화의 추구와 평화적 방식에 대한 믿음이 소수의 주장이나 선언을 넘어 '문화'의 형태로 사회 전체에 침투되고 확산돼야 한다. 이것은 두 가지 의미를 내포하고 있다. 하나는, 볼딩이 말한 '공격의 사회화'와 같이 폭력의 숭배, 수용, 승인이 사회 전반에 침투돼 형성된 폭력문화를 바꾸는 것이 결코 만만치 않다는 것이다. 문화를 강제적으로 이식하거나 의도적으로 확산시키는 데는 한계가 있기 때문이다. 더군다나 폭력문화에 대응하는 평화문화는 강제적 이식이나 의도적 확산을 꾀할 때 이미 평화문화로서의 정체성을 상실한다. 다른 하나는, 그럼에도 불구하고 폭력에 의존하는 문화를 평화에 의존하는 문화로 바꾸는 것이 불가능한 일은 아니라는 것이다. 문화는 점진적으로 변하고 특정 개인이나 집단이 의도하지 않더라도, 그리고 누군가 기를 쓰고 막는다 할지라도 자연스럽게 사회에 침투해 확산되기 때문이다.

2. 평화문화의 보편성

그렇다면 폭력문화에 대응하고 전쟁을 포함한 모든 폭력의 거부와 제거를 가능하게 만드는 토대가 되는 평화문화는 어떻게 설명될 수 있는가. 이에 대한 좋은 참고가 되는 것이 유엔의 평화문화선언(Declaration on a Culture of Peace)이다. 1999년 10월 6일 유엔총회에서 채택된 이 선언은 평화문화가 "가치, 태도, 전통, 행동, 생활방식"으로 구성된다고 적고 있다. 이런 구성 요소들은 "생명의 존중, 폭력의 종식, 그리고 교육, 대화, 협력을 통한 비폭력의 권장과 실행"에 기초한다고 설명하고 있다. 평화문화를 위해 이어서 언급하고 있는 내용은 국가의 자주권 및 정치적 독립과 국내 사안에 대한 비개입 원칙의 존중, 인권 증진 및 자유의 존중, (무력)갈등의 평화적 해결, 현재 및 미래 세대를 위한 개발과 환경 보전 노력, (사회)개발 권리의 존중, 여성과 남성의 평등한 권리와 기회 권장의 존중, 표현과 견해의 자유, 문화적 다양성, 관용, 연대 등이다. 그 외에도 인종차별, 외국인 혐오, 비관용의 제거, 그리고 민족.종교.언어를 포함한 모든 문화, 민족, 문명의 이해 및 관용과 연대 증진을 언급하고 있다. 한 마디로 다양한 배경과 생각을 가진 개인과 집단이 기본적 권리를 누리며 공존할 수 있게 만드는 문화를 평화문화라고 보고 있다. 그 결과 국가 사이의 전쟁은 물론 집단 및 개인의 충돌과 갈등이 부재하게 된다고 설명하고 있다.

선언은 이런 평화문화가 개인, 집단, 민족 및 국가 사이의 평화를 향상시킨다고 적고 있다. 흥미로운 것은 평화문화를 형성하기 위해 모든 차원에서 교육이 이뤄져야 하고, 정부는 평화문화를 권장하고 강화시킬 핵심적 역할을 가지고 있으며, 시민사회는 평화문화를 완전히 발전시키는데 최선을 다해야 할 필요가 있음을 명시하고 있다는 것이다. 이 점은 아

사진 4-1　평화문화는 다양한 개인과 집단의 평화로운 공존이 가능한 공동체를 추구한다. ⓡ참여연대

주 중요한 의미를 가지고 있다. 국제사회가 평화문화를 보편적인 가치이자 상식으로 인정하고, 각 사회에서 평화문화를 확산 및 정착시키기 위한 노력이 당위적으로 이뤄져야 함을 강조하고 있기 때문이다. 평화문화가 현실성이 없거나 소수의 이상적 주장이 아니라 인간사회가 반드시 필요로 하는 보편적 권리이자 접근임을 강조하고 있는 것이다.

평화문화를 통해 만들어지는 인간사회는 한 마디로 다양한 개인과 집단의 평화로운 공존이 실현되는 크고 작은 공동체, 사회, 국가, 그리고 세계다. 이것은 곧 힘과 자원의 독점을 위해 서로를 공격하는 것이 아니라 힘과 자원을 합리적으로 공유할 방식을 공동으로 고민하고, 다름과 이견을 당연하고 자연스런 것으로 수용하고 적극적으로 권장하며, 갈등이나 무력 충돌이 생겼을 경우 대화를 통해 평화적으로 해결하는 문화가 정착되는 것을 말한다. 이런 목표를 위해 폭력문화에 뿌리내리고 있거나 그 영향 아래 있는 개인과 집단의 가치, 태도, 전통, 행동, 생활방식을 변화시켜야 할 필요가 있음을 말한다. 그러나 이 선언에는 이 모든 것보다 중요한 점이 내포돼 있다. 그것은 바로 상대적 약자와 피해자에게 초점을 맞추는 개인, 집단, 사회, 그리고 세계다.

폭력은 상대적으로 약한 개인 및 집단에게 가해진다. 폭력문화의 확산과 고착은 모든 개인과 집단에게 다방면으로 크고 작은 영향을 미치지만 실질적으로 가장 큰 피해를 보는 것은 바로 상대적 약자다. 모든 폭력을 제거함은 물론 새로운 폭력의 등장을 지속적으로 감시하는 평화문화는 그런 약자를 주변이 아니라 중심에 놓는 접근이다. 평화의 부재와 폭력의 존재를 탐구할 때 희생자의 존재와 구체적 상황에 초점을 맞추는 것처럼 평화문화는 약자의 존재 그 자체를 인정하고 그들을 분석과 담론의 중심에 놓음으로서 폭력을 정당화하는 문화에 문제를 제기한다. 폭력이 강자의 정당하고 당연한 힘의 사용이 아니라 약자에 대한 불의하고 비인도적인 억압과 가해임을 분명히 하는 것이다. 이것은 약자를 동정과 연민을 받아야 할 존재가 아니라 억압과 폭력의 희생자로 보고 정당하게 주목을 받아야 할 주체로 변화시키는 것을 의미한다. 인류의 역사가 전쟁의 역사가 돼버린 이유는 강자의 폭력에 정당성을 부여하고 약자를 힘의 대결에서 패배한 자로 정의해 주목을 받을 가치가 없는 존재로 치부했기 때문이다. 이것이 바로 힘에 의존하는 전쟁 준비와 승인, 그리고 그로 인한 희생을 불가피하고 동시에 정당한 것으로 승인해온 '공격의 사회화', 다른 말로 폭력문화의 한 단면이다.

평화문화에서 무엇보다 중요한 것은 폭력에 희생된, 또는 희생될 지경에 놓인 약자를 시혜의 대상이 아니라 변화의 주체로 자리매김하는 것이다. 이 점은 다양한 사회와 환경에서 이뤄지는 평화교육을 통해서도 잘 드러난다. 평화교육의 궁극적인 목표는 폭력을 없애고 평화를 성취할 수 있도록 개인과 집단의 역량을 키우는 것이다. 평화교육을 통해 단기적,

중기적으로 기대할 수 있는 효과와 변화는 바로 평화문화의 형성과 확산이다. 그런데 평화문화는 약자, 즉 폭력과 가해에 쉽게 노출되고 희생되는 약자의 성찰과 참여 없이 가능하지 않다. 때문에 평화교육은 약자가 더 이상 폭력에 희생되지 않도록 평화와 폭력에 대한 민감성을 기를 수 있는 기회를 제공한다. 나아가 폭력을 제거하고 평화를 성취해가는 변화의 노력에 참여할 수 있는 역량을 키우는데 초점을 맞춘다. 약자가 변화의 주체로 자리매김할 수 있는 디딤돌을 놓는 작업을 하는 것이다. 전쟁이나 무력 충돌 후 사회를 재건하고 새로운 사회의 구조와 문화를 만드는 과정에서 이뤄지는 평화교육 또한 폭력과 가해의 원인을 찾고 사회가 폭력으로 회귀하지 않도록 약자의 역량을 키우는 것에 초점이 맞춰진다. 이것 역시 약자를 변화의 중심으로 자리매김하는 접근이다. 약자의 참여 없는 평화문화 형성은 강자의 담론과 구조의 강요가 될 뿐 의미가 없고 실제 가능하지도 않다. 평화문화의 토대 없이 평화의 성취를 목표로 하는 집단, 사회, 세계의 변화는 불가능한데 이것은 곧 약자의 역량 형성과 참여 없이 평화의 성취가 불가능함을 말해준다.

3. 비폭력과 평화운동

평화문화를 언급할 때는 비폭력(non-violence)을 언급하지 않을 수 없다. 평화문화선언에도 언급돼 있듯이 비폭력은 평화문화의 가장 중요한 내용 중 하나다. 그런데 실제로는 훨씬 더 중요한 위치를 차지한다. 평화 성취를 위한 노력이 정당성을 확보하고 질을 담보하기 위해서는 비폭력 기준을 적용한 성찰이 필요하기 때문이다. '비폭력'은 용어상으로는 '폭력이 아닌 것'을 의미하고, 이것을 풀면 '폭력적 행동이 아닌 것'이 된다. 그러나 비폭력은 단지 폭력적인 행동이 아닌 것, 다시 말해 폭력적인 것에 맞서 폭력적인 행동을 하지 않는 소극적 대응을 말하는 것이 아니다. 비폭력은 폭력을 거부하고, 비폭력으로 폭력에 맞서며, 모든 상황에서 비폭력적 행동을 선택하는 능동적인 선택과 적극적인 행동을 의미한다. 그러므로 비폭력은 항상 행동을 전제로 한다.

비폭력에 대한 해석은 보통 좁은 의미에서 이뤄진다. 곧 물리적 힘을 동원한 폭력에 대해 물리적 힘을 동원하지 않는 방식으로 대응하는 것이 대중적 의미의 비폭력이다. 그러나 폭력을 확대한다면 비폭력의 범위도 확대돼야 한다. 1장에서 설명한 것처럼 폭력은 직접적, 구조적, 문화적 폭력 모두를 말한다. 그렇다면 비폭력도 이 모두에 대한 비폭력, 다시 말해 직접적, 구조적, 문화적 비폭력이 되어야 한다. 이런 의미에서 본다면 물리적 힘을 동원하지 않는 비폭력 대응이나 저항은 비폭력의 일부분에 지나지 않는다. 진정한 비폭력은 폭력에 대응하거나 폭력을 제거하기 위해 폭력적 구조나 문화에 의존하지 않는 것까지 포함한다.

비폭력은 항상 문제 제기 및 저항의 방식과 관련해 언급된다. 이런 이유로 비폭력은 비폭력 저항(resistance)으로 불리기도 한다. 이것은 평화적 저항, 곧 평화적 수단과 방식에 의존하는 저항을 의미한다. 평화운동이 원칙적으로 주장하고 실제로 선택하는 저항 방식이다. 그런데 이런 저항 방식으로서의 비폭력은 효율성과 합리성 논란에 빠지곤 한다. 효율성 논란은 폭력에 비폭력으로 맞서서 실제로 폭력을 중단시킬 수 있느냐에 대한 것이다. 합리성 논란은 물리적 힘을 동원한 폭력에 대응할 적절한 수준의 물리적 힘을 배제한 비폭력이 그 자체로 논리적이고 합당한 방식인가에 대한 것이다. 이 논란에 대한 답을 찾기 위해서는 두 가지를 생각해야 한다. 하나는 비폭력 방식을 선택하는 이유고, 다른 하나는 비폭력에 대한 의존의 수준이다.

비폭력을 저항의 수단으로 선택하는 이유는 어쩌면 단순하다. 평화를 위해 폭력에 기대는 것은 모순이기 때문이다. 나아가 '나'의 평화를 위해 '타인'에게 폭력을 가하는 것은 정당화될 수 없기 때문이다. 그러나 더 근본적인 이유는 비인간화를 끝내고 재인간화를 성취하기 위해서다. 비폭력은 폭력이 생기는 이유를 비인간화에서 찾는다. 즉 누군가를 인간 이하로 취급하고 인간으로서 가치가 없다고 여기기 때문에 폭력이 생긴다고 본다. 비폭력은 이런 비인간화를 거부한다. 그러므로 비폭력의 궁극적 목표는 폭력으로 파괴된 인간성을 회복하는 것이다. 희생자는 물론 궁극적으로 가해자의 인간성까지 회복하는 것을 목표로 삼는다.[1] 이것은 비폭력으로만 가능하고, 그래야 모두의 평화로운 공존이 가능해진다. 평화운동의 목표 중 하나는 개인과 집단의 평화로운 공존이고 그렇다면 비폭력을 선택해야 하는 이유도 명확해진다.

어느 수준까지 비폭력에 의존할 수 있는지는 비폭력을 전략적으로 선택했을 때에 가능한 질문이다. 비폭력을 논할 때 흔히 두 가지, 그러니까 전략적(strategic) 비폭력과 원칙적(principled) 비폭력을 언급하곤 한다. 전자는 비폭력과 폭력 모두를 가능한 선택지로 보고 상황에 따라 유리한 것을 우선적으로 선택한다는 얘기다. 비폭력의 선택이 평화의 가치와 태도에서 비롯된 것이 아닐 가능성이 높은 것이다. 후자는 어떤 경우에도 폭력을 거부하고 비폭력을 행동 원칙으로 삼는 것을 말한다. 자신의 생명이 위험에 처한 상황에서도 절대 타인에게 폭력을 가하는 선택을 하지 않는 것이다. 이런 원칙적 비폭력의 최후 수단은 자신의 생명을 내놓는 것이다. 평화운동이 저항 수단으로 어떤 비폭력을 선택하느냐는 결국 평화운동이 자신의 정체성을 어느 수준까지 유지할 수 있는가와 관련된 문

1　정주진, 『평화를 보는 눈』(개마고원, 2015), pp. 162-172.

제다.

결국 저항 방식으로서 비폭력은 효율성과 합리성의 토대 위에서 선택하는 것이 아니라 평화의 가치와 태도에 기초해 선택하는 것이다. 그것이 평화를 위한 저항으로서 정체성과 정당성을 확보할 수 있는 길이기 때문이다. 효율성과 합리성은 그런 선택 위에서 만들어가는 것이다. 비폭력의 효율성과 합리성에 대해서는 오해의 여지가 많다. 많은 사람들이 비폭력을 바람직한 선택으로 보면서도 물리적 힘을 동원해 물리적 폭력에 대항하지 않기 때문에 즉각 효과를 낼 수 없다고 생각한다. 그러니 결과적으로 효율성도 합리성도 없다는 얘기다. 그러나 비폭력이 물리적 도구와 주먹으로 폭력을 가할 준비를 갖춘 상대의 마음을 움직이고 결국 모두를 폭력에서 자유롭게 만든 사례들은 생각보다 많다. 설사 당장 현장에서는 힘을 발휘하지 못해도 중·장기적 파급력을 가지는 경우도 있다. 간디가 시작했던 비폭력 저항인 소금행진도 그런 사례 중 하나다.

☞ 인도의 비폭력 저항, 소금행진

간디는 영국 식민지 정부가 기본 생필품인 소금에 무거운 세금을 매기자 소금행진을 통해 비폭력 저항을 시작했다. 간디의 소금행진은 많은 사람들의 지지를 받았고 영국 정부는 간디를 감옥에 가뒀다. 그러나 비폭력 저항은 계속됐다. 1930년 5월 21일, 간디의 비폭력 저항을 이어받은 사람들은 다르사나 염전에 있는 소금 창고에서 소금을 가지고 나오는 상징적 시위를 하기로 했다. 사람들은 아무런 무장도 저항도 하지 않고 묵묵히 줄을 지어 소금 창고에 걸어 들어갔고 영국 군인들의 무자비한 폭행에 희생됐다. 그 결과 320명이 부상을 입고 두 명이 목숨을 잃었다. 이 비폭력 저항은 외신 기자들에 의해 전 세계로 알려졌다. 폭력의 가해자인 영국 정부는 큰 타격을 입었고 식민통치의 정당성을 주장할 수 없게 됐다.

지금의 평화운동은 모두에게 안전한 방식으로서 희생은 줄이고 효율성은 높이는 비폭력 저항을 선택하고 있다. 가장 일반적인 것은 비슷한 생각을 가진 사람들과 함께 하는 집회다. 21세기 들어 가장 주목받았던 비폭력 저항은 2002년 가을부터 2003년 봄까지 이어진 전쟁 반대 시위였다. 미국의 이라크 침공 계획에 맞서 전 세계에서 대규모의 전쟁 반대 시위가 이어졌다. 파리에서는 거의 5천 명이, 그리고 미국에서는 베트남전쟁 반대 이후 처음으로 워싱턴, 샌프란시스코, 로스엔젤레스 등에서 각각 10만, 10만, 5만 명이 반대 시위에 참여했다. 한국에서도 이라크 전쟁과 파병에 반대하는 다양한 시위, 서명운동, 거리캠페인 등이 벌어졌다. 무기 경쟁과 전쟁에 반대하는 피스 몹, 촛불 시위, 1인 시위, 종교집회 등 다양한 비폭력 저항은 이미 평화운동의 핵심 방식으로 자리잡았다.

비폭력과 목표 달성 사이의 상관관계에 초점을 맞춘다면 여전히 효율성과 합리성에 문제를 제기할 수도 있다. 그럼에도 비폭력 혹은 비폭력 저항은 평화운동의 핵심 가치이자 행동 원칙이 될 수밖에 없다. 과정의 정당성 없이는 결과의 정당성을 담보할 수 없으며, 무엇보다 평화운동의 정체성과 존재 의미 자체가 훼손될 수 있기 때문이다. 그러므로 비폭력은 최종 목표의 달성 여부보다 과정 그 자체로 정당성을 가진다.

4. 평화운동의 평화적 조직문화

사회운동의 기본적인 목적과 임무는 사회의 문제를 지적하고 변화를 요구하는 것이다. 사회 문제, 다시 말해 조직이나 단체 외부의 문제를 다루는 것은 내부에서는 적어도 지적된 문제가 존재하지 않는다는, 또는 적극적으로 개선해가고 있다는 전제에 기초하고 있다. 그렇다고 실제 그런 문제가 아예 없다고 볼 수는 없지만 적어도 그런 전제는 운동의 도덕성을 가늠하는 잣대가 된다. 운동의 생존을 위해 불가피한 접근이기도 하다. 평화운동도 마찬가지다. 사회와 세계의 폭력과 희생의 문제를 지적하고, 평화로운 관계와 공동체의 필요성을 주장하며, 평화 실현을 위한 구체적인 방안과 행동을 제안한다. 이런 평화운동 또한 내부의 폭력의 부재와 평화의 존재를 전제로 한다. 조직이나 단체 내부에 힘에 의한 압력이나 강요, 소외와 배제 같은 폭력이 존재하지 않게 함으로서 구성원들 사이 평화적 관계를 형성하고 운동의 도덕성과 정당성을 확보해야 한다.

평화운동 내부의 평화를 논하고 주장할 때 적용할 수 있는 유용한 기준이 바로 평화문화다. 내부의 조직문화가 평화문화에 기반하고 있고 그것이 일하는 사람들 사이의 관계와 상호작용을 통해 어떻게 드러나는지를 살펴보는 것이다. 평화운동 내부, 또는 개별 조직 안에 적용하는 평화문화는 사회라는 넓은 영역에 적용하는 것과 다를 수 있다. 사회에 적용할 때의 평화문화는 흔히 평화의 원칙과 당위성에 초점이 맞춰지지만 개별 영역이나 조직에서의 평화문화는 원칙 및 당위성의 실현과 구체화에 초점이 맞춰져야 하기 때문이다. 그래야 구성원들이 평화문화를 통해 평화를 실현하고 경험할 수 있으며 그것이 사회적 실행의 기초가 될 수 있다.

그렇다면 평화운동 내부가 평화문화에 기초하고 있는지를 진단할 수 있는 구체적인 내용은 무엇일까? 평화운동 내부의 평화문화를 편의상 평화적 조직문화라고 불러보기로 하자. 평화적 조직문화는 우선적으로 평화를 최우선 가치로 삼고 모든 폭력을 거부하는 것이어야 한다. 이것은 곧 구성원들 사이에, 그리고 외부와의 관계에 어떤 폭력도 허용하지 않고 나아가 평화적 관계와 상호작용을 독려하고 유지하는 조직문화를 말한다. 폭력의 범위에는 당연하게 직접적 폭력은 물론 구조적, 문화적 폭력이 모두 포함돼야 한다. 물리적 힘, 구조, 문화 어떤 수단을 이용해서든 차별, 억압, 강요, 배제, 소외 등이 생기지 않아야 하고 그런 폭력적인 구조와 문화는 즉시 바꿔야 한다. 무엇보다 효율성 또는 불가피성이라는 이유로 구성원들의 평화로운 관계와 상호작용을 불가능하게 하는 폭력적 구조와 문화를 묵인하거나 승인하지 않아야 한다. 이것은 평화적 조직문화의 존재 여부를 판단할 수 있는 첫 번째 기준이 된다.

평화적 조직문화의 존재 여부를 판단할 수 있는 두 번째는 기준은 결정 과정에서 힘의 분배 및 공유가 이뤄지고 그것이 구조와 문화를 통해 보장되는 것이다. 이것은 곧 평화운동의 영역 또는 개별 조직 안에서 소수에 의한 힘의 독점이 중단되고 결정 과정에 모든 구성원들의 참여가 보장되는 것을 말한다. 관계와 상호작용이 힘에 의존해 만들어지고 구조와 문화가 수직적이고 하향적(top-down)인 것이 아니라 수평적이고 상향적(bottom-up)이며 그에 따른 결정 방식을 채택하는 것을 말한다. 그 결과 소수에 의한 최종 결정이나 기계적인 다수결보다는 토론을 통한 합의(consensus)나 높은 수준의 다수결, 다시 말해 불가피할 경우라도 70~80%의 찬성에 의한 결정을 선택하는 것을 말한다. 이런 방식은 힘의 분배와 공유를 가능하게 만들고 모두의 참여를 통해 배제와 소외가 사라진 평화적 조직문화를 유지할 수 있게 한다. 당연하게 구성원들 사이, 그리고 외부와의 평화적 관계와 상호작용을 만들고 지속시키는 데도 기여한다.

세 번째로 적용할 수 있는 기준은 평화적 방식의 문제해결이다. 평화적 조직문화는 문제가 생기지 않는 것을 의미하지 않는다. 문제가 생길 경우 상호 비난과 공격의 폭력적 방식이 아니라 상호 이해와 협력의 평화로운 방식을 통해 해결하는 것을 말한다. 그 결과 문제에 직면한 당사자들의 관계는 물론 문제에 근본원인을 제공한 구조와 문화까지도 변화시키는 계기를 만드는 것을 말한다. 평화적 방식의 문제해결은 대화와 합의에 기초한다. 이것은 직위나 결정권 등 힘에 의존해 결정을 강요하고 부과하는 방식이 아니라 문제의 해결을 위한 토론과 대화, 해결책을 위한 공동 작업과 합의 과정을 거치는 것을 말한다. 평화적 방식의 문제해결은 우선적으로 직위와 나이에 상관없이 서로를 동등한 대화의 상대로 인정하고 문제를 함께 해결해야 할 공동의 도전으로 인식해야 가능하다. 동시에 조직의 구조와 문화가 당사자들의 평화적 방식의 문제해결을 지원해야 한다. 이것은 평화적 조직문화의 작동 여부를 확인할 수 있는 좋은 기회가 된다. 평화적 방식의 문제해결을 지원하지 못한다면 평화적 조직문화는 개념으로만 존재하거나, 작동하지 않거나, 또는 존재하지 않는 것으로 볼 수 있다. 이중 어떤 경우든 변화를 필요로 한다.

현실적으로 위와 같은 조건을 완벽하게 충족시킬 수는 없다는 주장으로 기준을 완화시키는 타협을 시도할 수는 있다. 그러나 그것은 곧 폭력을 승인 내지 묵인하고 평화를 거부 내지 유보하는 것이므로 평화운동의 정체성과 모순될 수밖에 없다. 평화라는 가치에 기반해 모든 폭력과 희생의 발생을 거부하는 것을 원칙으로 삼는 평화운동은 자신에게도 같은 원칙을 적용해야 운동의 정당성을 확보할 수 있다. 동시에 사회운동으로서 생존할 수 있다.

■ 더 읽을 책

콜먼 맥카시 지음, 이철우 옮김, 『10년간의 평화수업』, 책으로여는세상,
    2007.

Elise Boulding, *Cultures of Peace: The Hidden Side of History*, Oxford
    University Press, 2010.

■ 토론 주제

1. 평화문화의 형성을 위해 상대적 약자의 역량을 강화하고자 할 때 직
   면하는 도전에 대해 토론해보자.

2. 평화적 조직문화를 위한 실행 원칙을 만들 때 포함될 수 있는 내용에
   대해 토론해보자.

2부 평화운동사

5장

세계 평화운동사

1. 평화에 대한 갈망

　이미 1세기부터 기독교인들은 병역을 거부했고 이것은 초기의 교회가 추구한 평화주의(pacifism)를 보여준다. 개종과 기독교를 허가한 313년 콘스탄티누스 황제의 밀라노 칙령으로 로마제국과 기독교의 관계는 일대 전환을 맞이했다. 이때부터 기독교, 특별히 기독교 조직의 기초가 됐던 로마제국 관구는 무력 사용을 수용했다. 그러나 평범한 기독교인들은 기독교 귀족의 전쟁 수용과 로마제국의 억압적인 통치에 대한 저항으로 이집트, 팔레스타인, 시리아, 메소포타미아 등으로 피신해 수도원을 만들었다. 5세기 말에는 수만 명의 기독교인들이 수도원에 살면서 당시 가장 큰 경제공동체를 이뤘다. 이후 십자군 전쟁이 계속되던 때에는 가톨릭 수도회인 휴밀리아티(Humiliati), 가난한 금융업자들(Poor Lombards), 가난한 가톨릭신자들(Poor Catholics) 등의 조직에 속한 사람들이 봉건적 질서와 무기, 그리고 교회 권력을 거부하고 자발적으로 빈곤한 삶을 선택했다. 십자군 전쟁 말기에는 1,500여 개에 달하는 유럽의 교회들이 자발적 빈곤, 자선 봉사, 비폭력의 규율을 따라 살았다. 또한 수천 명의 사람들이 도시에서 도시로 참회의 행렬을 이어갔다. 그들은 방문한 곳에서 빈곤층과 관료들 사이의 평화 협상(peace negotiation)을 진행했다. 1233년 8월 28일에는 이탈리아의 베로나에서 대규모 대중 집회가 열렸다. 장기화된 유혈 내전의 종식을 위한 이 집회에 약 40만 명이 모였다.[1] 지금의 수준으로 봐도 대단히 큰 규모의 집회였다.

위의 사례들은 아주 오래 전부터 많은 사람들이 평화로운 삶을 추구하고 그것의 정의를 전쟁 및 무력 대결의 부재와 평화로운 공존에서 찾았음을 말해준다. 지금의 평화운동이 추구하는 것과 다르지 않다. 사례들을 소개한 엘리스 볼딩(Elise Boulding)은 1세기부터 시작된 기독교인들의 전쟁 참여 거부를 비폭력 저항의 초기 역사로 보고, 특별히 십자군 전쟁 동안 있었던 다양한 집단들의 움직임을 평화운동으로 부르고 있다. 그럼에도 사례들은 우리가 현재 평화운동이라고 부르는 것과는 다른 점을 보여준다. 가장 상이한 점은 상당한 수의 개인들이 전쟁을 거부했지만 그들이 사회변화를 목표로 하고 있었는지가 모호하다는 것이다. 수도원으로 피신한 기독교인들은 물론이고 십자군 전쟁의 토대였던 봉건질서와 교회 권력을 거부한 사람들도 사회의 변화보다는 그런 사회를 피하거나 그런 사회에서 생존하기 위해 자신의 삶을 변화시키는 것에 초점을

---

1 E. Boulding, *Cultures of Peace: The Hidden Side of History*(Syracuse University Press, 2010), p. 58.

맞춘 것처럼 보인다. 가장 중요한 것은 전쟁의 거부가 그것을 주도한 권력자들과 정치를 향하지 않은 것처럼 보인다는 것이다. 다시 말해 전쟁을 가능하게 만든 근본원인인 사회 구조를 겨냥한 움직임으로 보이지 않는다는 것이다. 결국 다양한 움직임을 통해 전쟁에 대한 거부와 반대를 표했지만 그것을 통해 사회변화의 목표를 설정하는 데까지는 나아가지 못한 것처럼 보인다.

개인이나 집단의 움직임을 사회운동으로 정의할 수 있는지를 판단하려면 기준이 필요하다. 그중 가장 중요한 기준은 조직화다. 이것은 사람들의 행동이나 그로 인해 생긴 현상이 일시적, 또는 즉흥적인 것이 아니라 목적과 목표를 가지고 이뤄지고 있음을 말해준다. 또한 조직화는 중·장기적 방향성을 가지고 전략적으로 현재의 활동을 계획함을 말한다. 또 다른 중요한 점은 사회변화의 추구다. 사회변화를 목표로 하지 않는 운동은 의미가 없고 운동으로서의 정체성을 가지지 못한다. 그러므로 사회운동은 개인의 이익과 필요를 넘어 사회의 이익과 필요를 추구하고 불가피하게 정치적 저항과 목표를 설정하게 된다. 이에 덧붙여 사회운동에서 가장 중요한 점 중 하나는 네트워킹이다. 사회변화를 위해 비슷한 활동을 하는 다양한 개인 및 집단이 네트워크로 엮어져야 하고 그것을 통해 대중의 지지와 참여를 이끌어내야 한다. 이와 같은 사회운동의 조직화, 목적과 목표, 네트워킹 등은 평화운동을 판단하는 데도 똑같이 적용될 수 있다.

에이프릴 카터(April Carter)는 진정한 평화그룹(peace group)을 '평화'를 내세운 다른 활동 및 그룹과 구분할 수 있는 몇 가지 기준을 제시한다. 그가 말하는 평화그룹은 우리가 흔히 알고 있는 평화운동 단체로 이해할 수 있다. 이런 기준을 제시한 이유는 '평화'를 언급하지만 실제로는 정치적 목적을 가지고 특정 국가나 현안을 지지하는 활동을 하는 경우가

있기 때문이다. 첫째 기준으로 그는 정부와 정당으로부터의 자율성을 제
시한다. 이것은 정치적 상황이나 현안에는 관심을 유지하지만 정부나 정
당의 정치적 이익에 기울거나 종속되지 않는 것을 말한다. 둘째는 자신
의 정부를 비판하고, 필요하다면 정부에 저항할 수 있는 사명감이다. 이
것은 독립성을 의미하며 이 기준을 적용하면 정부나 국제기구 산하의 평
화위원회나 평화기구는 평화운동 단체로 인정될 수 없다. 셋째는 저항
방법이다. 평화운동 그룹은 위법적 저항은 수용하지만 폭력적 방법에 기
대는 것은 금기시된다. 때로 상대적으로 더 크거나 강한 폭력에 저항하
고 폭력을 예방하기 위한 제한적인 폭력의 사용을 정당화하는 주장이 있
기도 하지만 평화를 위한 폭력적 저항은 모순이라는 것이 평화운동이 공
유하는 일반적 인식이다.[2]

　지금까지 언급한 기준에 따르면 1세기부터 중세까지의 다양한 평화
활동들을 지금 우리가 이해하고 있는 평화운동으로 정의하기는 힘들
다. 그럼에도 사례들은 중요한 의미를 가진다. 그것은 평화로운 삶에 대
한 인간의 욕구가 아주 오래 전부터 존재했다는 것이고, 그 욕구를 충족
시키기 위해 다양한 방식의 움직임이 있었다는 것이다. 개인적, 집단적
차원에서의 그런 움직임은 분명 지금의 기준을 적용해 평화운동으로 부
를 수 있는 활동의 등장에 기여했을 것이다. 그러므로 평화운동 이전에
"평화를 향한 움직임(movement toward peace)"이 있었다는 케네스 볼딩
(Kenneth Boulding)의 언급은 이에 대한 가장 적합한 설명으로 보인다. 그
는 인간은 평화를 창조하고 유지하려는 굽힐 수 없는 욕망을 가지고 있
으며 모든 사회에서 형태는 다르지만 지속적이고 진화하는 과정을 통해

2　A. Carter, *Peace Movements: International Protest and World Politics Since
1945*(Routledge, 1992), pp. 14-15.

그 욕망을 충족시키려는 움직임이 일어난다고 언급했다.[3] 이것은 어떤 힘든 폭력의 상황에서도 평화를 얘기하고 갈망하는 사람은 반드시 찾을 수 있다는 다양한 현장의 경험적 증언과 같은 맥락의 설명이다.

2. 평화운동의 시작과 확산

십자군 전쟁 이후 종교인들은 이전의 평화 활동을 이어나갔다. 16세기 초반에 등장한 메너나이트(Mennonite), 브레드런(Brethren) 같은 아나뱁티스트 공동체들은 가톨릭 수도회들과 함께 당시 유럽을 휩쓸고 있던 정복, 노예제도, 억압 등에 반대했다. 평화교회라 불리는 이 교회들과 1세기 정도 늦게 등장한 퀘이커(Quaker) 공동체들은 유럽에서 시작되어 이른바 신대륙으로 확산됐고 초기 평화운동의 탄생에 기여했다. 특히 이들 평화교회들과 국가의 불편한 관계는 19세기 초반의 나폴레옹 전쟁 동안 유럽의 시민운동에 길을 내주었다. 나폴레옹 전쟁은 여러 면에서 전쟁에 중대한 변화를 가져온 전쟁이었다. 총력전을 위해 국가의 무장을 대중적으로 선전하고, 낭만적 민족주의를 독려하며, 전쟁과 전장의 군인들을 찬양하는 근대 전쟁의 모습이 이때 나타났다. 그러나 대중 선전에도 불구하고 사람들은 전쟁의 파괴, 수많은 병사들의 죽음, 참혹한 기근, 불타버린 많은 마을과 도시의 상황을 너무 잘 알고 있었다. 전쟁에 반대하는 시민들의 움직임이 자연스럽게 등장할 수밖에 없었던 상황이었다. 이런 시민운동과 기존의 종교운동을 이어 받아 나폴레옹 전쟁 이후 동유럽을

---

3 M. N. Nagler, "Eternal Peace," In M. Pilisuk, and M. N. Nagler(Eds.), *Peace Movements Worldwide* Vol. 1(Praeger, 2011), p. 3.

포함한 유럽 전역에 국가를 초월한 비종교적 평화운동이 생겨났다. 이때 처음 조직화된 평화운동이 영국과 미국을 중심으로 시작됐다.[4]

조직화된 평화운동의 등장에 있어서 여전히 종교는 핵심 역할을 했다. 유럽에서 평화운동을 하던 평화교회들은 유럽에서 할 수 없었던 평화공동체를 신대륙에 건설하고자 했다. 미국 펜실배니아에 정착한 퀘이커들은 전쟁으로 물든 다른 곳들과는 다르게 이웃의 원주민들과 평화로운 관계를 유지했고 평화운동의 조직화에도 자연스럽게 기여했다. 이들은 전쟁에 반대한 초기 기독교의 정신을 계승했고 동시에 십자군 전쟁에 반대했던 전통을 이어받았다. 1815년에는 처음으로 뉴욕평화회가 설립됐고 이어서 각 주에 비슷한 조직이 결성됐다. 각자의 영역에서 활동하던 이들 36개의 조직들은 1828년 미국평화회(American Peace Society)를 설립했다. 미국평화회는 헌장 1조에서 단체의 목적을 "전쟁의 악마에 대한 정보와 전쟁을 폐지하기 위한 가장 효과적인 수단을 퍼뜨리는 것"이라고 선언했다. 단체는 『평화선구자(Harbinger of Peace)』라는 소식지를 출판했다. 이 소식지는 후에 『평화주창자(Advocate of Peace)』로 이름이 바뀌었다. 이런 출판 활동은 조직화된 평화운동의 상징과도 같았다. 같은 시기에 비슷한 운동이 영국에서도 진행됐다.[5]

이와 같은 평화단체는 국가 사이의 우호적인 토론과 중재를 통한 대립의 해결을 촉구하고 국가의회(Congress of Nations)가 국가 사이 대결을 중재하는 토대가 되어야 한다고 주장했다. 또한 국가의회의 법령은 대중의 의사를 따라 집행돼야 한다는 생각을 가지고 있었다. 때문에 대중교

---

4 Carter, pp. 2-3; Boulding, p. 60.

5 Sage Publications History of the American Peace Society and Its Work. *The Advocate of Peace* 69:1(1907), pp. 15-17.

육을 위해 노력했고 대중의 인식과 참여를 높이기 위해 팜플렛 배포, 강사 파견 교육, 잡지 출판 등의 일을 했다. 비슷한 시기에 만들어진 영국회(British Society)는 1819년『평화전달자(Herald of Peace)』의 출판을 시작했고 미국에서는 1821년에『평화의 친구(Friend of Peace)』라는 평화 소식지가 처음 출판됐다.[6]

전쟁 반대와 비폭력 방식을 핵심으로 하는 조직화된 평화운동은 계속 확산됐다. 특별히 노예제 폐지운동으로 잘 알려진 윌리암 로이드 개리슨(William Lloyd Garrison)은 정부의 모든 전쟁 준비에 협조하지 말 것을 촉구했다. 그의 동료인 아딘 발로우(Adin Ballou)는 그의 책에서 더 상세하게 이를 설명했다. 개리슨과 발로우는 자신들은 무저항이 아니라 악에 대한 적극적이고 도덕적인, 그러나 물리적 폭력을 가하지 않는 저항을 주장한다고 강조했다. 발로우의 책은 톨스토이에게 영향을 줬고 톨스토이는 젊은 간디에게 영향을 미쳤다. 간디는 이런 비폭력 저항을 효율적인 정치적 행동으로 해석해서 실천에 옮겼다.[7] 간디의 비폭력 저항은 후에 많은 평화운동가들에게 영감을 주었다.

확산되던 평화운동은 1840년대 말 유럽 전역을 휩쓴 혁명의 물결, 그리고 1850년대 중반의 크림반도 전쟁과 연이은 전쟁으로 주춤해졌다. 이때 해방을 위한 전쟁, 폭력적 혁명, 민족주의 전쟁 등을 정당화하는 분위기가 확산됐다. 특정 전쟁은 정당하고 필요하다는 생각과 정의롭고 지속적인 평화를 위해서는 그 기초로 먼저 민주적, 민족주의적 자유가 확보돼야 한다는 신념을 가진 급진주의자들은 영국과 미국을 중심으로 한 평화운동의 이념과 결별했다. 노예제 폐지를 둘러싸고 미국 평화주의자

---

6 Carter, pp. 2-3.

7 Ibid., p. 3.

들 사이에서는 평화의 유지와 정의의 획득 중 무엇을 추구할 것인지를 두고 이견과 충돌이 생겼다. 전쟁 거부를 강하게 주장했던 개리슨 같은 사람들조차 평화주의를 포기했고 남북전쟁은 평화운동을 갈라놓았다.[8]

　잠시 주춤했지만 평화운동 단체들은 1870년 이후 급증했다. 1880년 말에는 이미 백 개 이상의 전국적인 평화운동 단체들이 유럽과 미국에 있었고 수천 명의 평화운동가들이 이 단체들에서 활동했다. 이들은 정치적 환경의 변화에 기여했고 첫 번째 헤이그 평화회담의 개최에도 기여했다. 1900년 즈음에는 서유럽과 북유럽, 그리고 미국을 포함한 많은 나라들에 통틀어 425개의 평화단체들이 존재했다. 1843년 시작된 국제평화회의(International Peace Congress)는 1892년부터 해마다 열렸다. 1899년 처음으로 헤이그 평화회의가 열렸고 비인도적인 무기, 덤덤탄(dum-dum bullets), 독가스 등의 사용을 금지하는 선언을 발표했다. 1907년 회의에서는 전쟁 중 의도적 민간인 살해를 금지하는 방안을 모색하기도 했다. 전쟁을 막으려는, 또는 최대한 한정하려는 활발한 노력은 20세기 초까지 계속됐다.[9]

3. 세계대전과 평화운동

　전쟁 없는 세계에 대한 평화운동의 기대는 1차 세계대전이 시작되면서 무참하게 무너졌다. 1차 세계대전의 발발은 그동안 해온 평화운동 단체들의 노력이 충분치 않았음을 보여주는 것 같았다. 평화운동은 민족주

8　ibid., p. 5.

9　ibid., pp. 6-10; Boulding, p. 61.

의자들의 욕망과 현실정치의 막강한 힘을 제재하지 못했다. 또한 평화운동은 다양한 방식으로 대중의 역량을 향상시키려 노력했지만 대중은 강력한 민족주의와 군사주의, 그리고 그것을 정당화하고 현실화하는 힘을 가진 정치 앞에서 유효한 평화 세력이 되지 못했다.

1차 세계대전 동안 평화운동은 전반적으로 쇠퇴했다. 그럼에도 기독교 평화주의자들은 전쟁에 맞서 자신들의 뜻을 선언했다. 12개국의 기독교 평화주의자들은 1914년 "우리는 그리스도 안에서 하나며 결코 전쟁에 나갈 수 없다"고 선언했다. 전쟁 중 이들이 설립한 여러 국가의 지부들은 국제화해친선회(IFOR: International Fellowship of Reconciliation)를 함께 설립했다. 이 단체는 유럽, 북미, 일본, 중국, 뉴질랜드, 호주, 아프리카 등 다양한 국가와 지역 출신들로 구성됐고, 비폭력문화에 기초한 세계 질서를 수립하는 것을 목표로 삼았다. 전쟁 중 수립된 또 다른 중요한 움직임은 남편들이 참전한 전쟁을 끝내기 위해 1915년 헤이그에 모인 여성들이었다. 이들의 모임은 전쟁 내내 지속됐다. 이들은 전쟁 직후인 1919년에 여성평화자유국제연맹(WILPF: Women's International League for Peace and Freedom)을 설립했다. 이들 중 일부는 1922년에 전쟁반대자국제모임(WRI: War Resisters International)을 결성했다. 이 조직의 회원단체들은 1933년까지 24개로 늘었고 특별히 병역거부 운동에 집중했다.[10] 결론적으로 평화운동은 전쟁 동안 쇠퇴하기는 했지만 사라지지 않았고 오히려 새로운 평화운동이 시작됐다.

1차 세계대전 후 평화운동은 대중의 광범위한 지지를 받았다. 사람들은 다시는 전쟁을 지지하지 않겠다고 맹세했다. 전쟁 당시 병역을 거부했던 평화교회라 불리는 메너나이트와 브레드런, 그리고 퀘이커는 1919

---

10 Boulding, pp. 63-64.

년 새로운 활동을 위해 인도적 구호를 위한 위원회들을 만들었다. 그리고 활동을 평화교육과 평화세우기 프로젝트들로 발전시켰다. 이것은 전쟁의 원인을 제거하고 이전 적대국 사이의 관계를 재건하는 데 기여하기 위해서였다. 패배한 독일에서는 정치적, 경제적 혼란 때문에 큰 참여는 없었지만 전쟁 반대 집회가 열렸다. 이것은 당시 상황에서는 획기적인 일이었다. 징병제 저항을 주장하는 독일, 오스트리아, 네덜란드, 영국의 단체들은 1921년에 평화에스페란토(PACO: Esperanto for Peace)를 설립했다. 1934년 영국에서는 전쟁을 거부하는 서명운동이 시작됐다. 이 캠페인은 1936년 조직화된 운동이 됐고 800개의 지방 단체들이 지지를 표명했다. 이들은 대중 집회를 열고 신문도 제작했다.

그러나 유럽에서의 파시즘 등장과 일본의 군사화, 그리고 그에 대한 서방 국가들의 경제적, 정치적 대응이 효과를 발휘하지 못하면서 군사적 수단으로 파시즘에 대응해야 한다는 주장이 힘을 얻기 시작했다. 이는 평화운동에 대한 지지의 쇠퇴로 이어졌다. 이후 발발한 2차 세계대전은 1차 세계대전 때보다 평화운동에 더 큰 타격을 주었다. 1차 세계대전 도중, 그리고 그 이후 만들어진 평화운동 단체들은 비난을 받았다. 특히 미국의 유대인들은 평화운동 단체들의 중립성과 미국 전쟁 개입에 대한 반대를 비난했다. 1941년 일본의 진주만 공격 후 평화운동은 소수의 헌신적인 평화주의자들만을 제외하고 거의 몰락했다. 그럼에도 평화주의자들은 전통적인 주제인 병역거부와 인도적 지원에 초점을 맞춰 평화운동을 이어갔다.[11]

1차 세계대전 후 20년 만에 다시 세계대전을 겪으면서 오히려 전쟁의

11　L. Danielson, "American History: The Peace Movement since 1945," *Oxford Research Encyclopedia*, Online Publication(2015), p. 4.

거부와 평화에 대한 갈망은 더욱 커졌다. 평화운동은 소수집단에 의해 유지됐지만 그렇다고 해서 평화의 가치와 갈망 자체가 외면받은 것은 아니었다. 그 한 예로 1945년 4월 5일, 미국에서는 2,038명의 심리학자들이 연명해 「인간 본성과 평화(Human Nature and Peace)」라는 성명서를 발표했다. 성명서는 전쟁을 예방하고 평화를 이룰 방법에 대한 성찰은 물론 현실적 접근을 담고 있었다. 첫머리에서 성명서는 세계 어느 인종, 국가, 사회 집단도 전쟁을 원하지 않는다고 강조했다. 그리고 집단 사이의 증오와 대립 등 전쟁을 야기하는 문제를 극복하기 위해 교육, 약소집단 및 민족의 자기결정권 지원, 패전국에 대한 구호 및 복구 지원 등 세계의 안정을 위한 구체적인 방법을 제시했다. 이 성명의 주장과 제안은 현실적이고 보편적이며 진보적인 것이었다. 심리학자들이 이런 성명서를 내게 된 데에는 특별한 배경이 있었을 것으로 추측된다. 2차 세계대전 직후부터 미군은 막대한 수의 심리학자들을 고용했다. 전쟁이 끝날 때인 1945년에 그 수는 1,710명에 달했다. 당시 미국심리학회(APA : American Psychological Association)의 정회원 수는 1,012명에 불과했다.[12] 미군은 APA의 정회원 수보다 많은 심리학자들을 고용하고 있었던 것이다. 심리학자들은 직접 전쟁에 관여하고 전쟁을 경험한 집단 중 하나였기 때문에 전쟁의 비정상적 상황과 폐해를 더 잘 알고 있었던 것으로 짐작된다.

12　M. N. Nager, and A. Ryono, "The Evolution of Peace," In Pilisuk, and Nagler(Eds.), *Peace Movements Worldwide* Vol.1(Praeger, 2010), p. 42.

4. 세계대전 이후의 평화운동

2차 세계대전 직후 평화운동은 되살아났다. 전쟁이 너무 큰 희생과 파괴를 야기했기 때문에 자연스런 역사적 전개였다고 볼 수 있다. 2차 세계대전의 사망자는 1차 세계대전의 사망자보다 3배나 많은 5~7천만 명이었다. 군인보다 민간인 사망자가 훨씬 많았고 전쟁이 야기한 기근과 질병에 의한 사망자도 2천만 명이 넘었다. 무엇보다 원자폭탄 투하는 전 세계에 충격을 줬다. 때문에 전쟁 직후 평화운동은 물론 원자력분야 학자들을 포함한 지식인들과 대중들까지 핵전쟁을 막는 것에 큰 관심을 가지게 됐다. 특별히 평화운동가들은 정치권이 아니라 민간이 핵에너지와 핵무기에 대한 통제권을 가져야 한다고 주장했다. 그러나 미-소 대결의 냉전체제가 형성되면서 평화운동은 큰 진전을 이루지 못했다. 1950년대에 접어들면서 서방과 공산권의 대결이 본격화되고 한국전쟁이 발발하면서 미국의 평화운동은 다시 쇠퇴의 길을 걸었다. 대중은 겁을 먹었고 국가안보에 관심을 가지게 됐다. 평화운동가들은 매국노로 비판을 받았고 감시를 당했으며 때로 체포되기도 했다.

냉전체제가 평화운동을 주춤하게 만들기는 했지만 핵무기와 핵실험을 반대하는 운동은 전 세계적으로 확산됐다. 북미와 서유럽, 그리고 일본에서 1950년을 전후로 반대 시위가 있었고 1954년 이후에는 핵실험에 대한 우려가 높아졌다. 그러나 대중의 지지를 받는 조직화된 핵무기 반대 캠페인은 1957년에 미국과 영국에서 시작됐다.

1957년 미국의 핵무기반대비폭력행동(Non-violent Action Against Nuclear Weapons)은 네바다주의 핵실험지 앞에서 시위를 하고 진입을 시도했다. 1958년에는 평화운동가들과 핵평화운동가들이 모여 핵정책전국위원회(SANE: National Committee for a Sane Nuclear Policy)와 비폭력행동위원회(CNVA: Committee on Non-violent Action)를 조직했다. 이후 3년 동안 핵무기반대 운동은 미사일 기지와 핵잠수함 기지 반대, 그리고 핵 실험지 진입 시도 등 적극적인 시위를 했다. 운동은 계속적으로 성장했고 1962년 쿠바 미사일 위기를 지나면서 더욱 확대됐다.

영국의 평화운동도 우선적으로 핵실험 반대를 강조했다. 평화운동 단체들은 영국의 핵실험에 반대하는 시위를 조직했고 1957년 5월에는 런던의 트라팔가 광장에 2천 명의 여성들이 모여 검은띠를 매고 시위를 했다. 1958년에는 여러 단체들이 모여 핵감축캠페인(CND: Campaign for Nuclear Disarmament)을 조직했다. 단체는 급격히 성장했고 1960년이 되자 450개가 넘는 지역 단체들이 합류했다. 1959년 부활절에는 알더마스톤 원자력무기 연구센터(Aldermaston Atomic Weapons Research Establishment)에서 정치 권력의 중심지인 런던까지의 행진을 조직했다. 수천 명이 행진에 참여했고 최종 지점에서는 2만 명이 함께했다. 1960년에는 10만 명이 참여했다. 비슷한 행진이 캐나다, 스위스, 스칸디나비아, 프랑스 등에서도 이어졌다.

핵무기반대 캠페인은 이후에도 대중의 지지를 받으면서 성장했고 상징이 된 부활절 행진에는 15만 명이 참여하기도 했다. 운동 방식에 있어서 핵무기반대운동은 대중과 함께 하기 위해 특별히 행진에 주력했다. 전 유럽, 미국 동-서 해안, 샌프란시스코-모스크바 행진 등이 이뤄졌고 런던, 캔버라, 히로시마와 나가사키 등에서 다양한 대중 집회와 침묵시위가 조직됐다. 대중 운동에 힘입어 국제사회에서 1963년 부분실험금지조약(Partial Test Ban Treaty)이 체결됐고 1968년에는 핵확산금지조약(Non Proliferation Treaty)이 이뤄졌다. 이후 핵무기반대운동은 동력을 잃었다. CND도 정치적 이유, 내부 이견, 핵심 인물들의 피로감 등으로 쇠퇴했

다.[13]

　베트남 전쟁은 반전운동을 확산시켰다. 이를 계기로 평화 현안은 대중의 관심 주제로 자리 잡았다. 1960년대 초부터 베트남 주둔군을 증가시켰던 미국은 1964년에는 공개적으로 전쟁 개입을 선언했다. 1965년 말까지 20만 명의 미군이 베트남에 파병됐다. 평화운동가들은 이미 1963년부터 미국의 개입을 반대했고 평화주의자뿐만 아니라 학생운동가, 시민권운동단체, 종교단체 등이 반대운동에 결합했다. 1965년 4월 워싱턴 D.C. 시위에는 2만 명이 모였다. 전쟁 종식을 위한 전국위원회가 조직되어 1966년 10월에는 국제시위의 날(International Days of Protest)을, 1967년 4월에는 뉴욕과 샌프란시스코 시위를, 그리고 10월에는 워싱턴 D.C.에서 대규모 전쟁반대 시위를 조직했다. 특별히 워싱턴 D.C. 시위에 참가한 10만여 명 중 대부분은 10대에서 20대의 젊은이들이었다. 그들은 시민으로서 할 수 있는 모든 방법을 동원해 저항한다는 결의를 가지고 모였다. 그중 3만 5천~5만 명 정도가 국방성으로 행진했고 밤샘 집회를 했다. 다음 날 새벽까지 700명 정도가 국방성 진입 시도 등 시민불복종 행위로 체포됐다. 이것은 반대운동이 "시위에서 저항으로" 표어를 바꾼 뒤 있은 첫 번째 시위였고 지금도 평화운동의 중요한 사건으로 기억되고 있다. 1969년 11월 15일에는 백악관 앞에 50만 명이 모여 존 레논의 '평화에게 기회를(Give Peace a Chance)'을 부르며 시위를 했다.

　영국, 호주, 뉴질랜드 등에서도 1960년대 말부터 1970년대 초반까지 계속 전쟁반대 시위가 벌어졌다. 1968년 3월 17일 런던 트라팔가 광장에서 대규모 전쟁반대 시위가 열렸고 그후 6천 명 정도의 젊은이들이 미국대사관 앞으로 몰려가 경찰과 충돌했다. 이로 인해 300명이 체포됐고

13　Carter, pp. 40-53; Danielson, pp. 10-11; Boulding, pp. 65-66.

사진 5-1 베트남 전쟁 반대 집회에서 연설하는 마틴 루터 킹 목사.

86명이 부상을 당했다. 1970년 5월 멜버른에서도 10만 명이 거리로 나와 전쟁반대 시위를 했다. 뉴질랜드에서도 1971년까지 연인원 3만 5천 명이 거리 시위에 참여했다.

시민권운동은 평화운동과 처음엔 거리를 두었지만 1966년 반전 입장을 취했고 시민권운동을 이끈 마틴 루터 킹은 침묵을 깨고 1967년 4월 뉴욕 맨하탄 집회에서 연설했다. 그는 세계를 폭력에 빠뜨린 미국 정부를 비난하고 평화운동가들과 함께 유엔까지 행진했다. 개신교, 가톨릭, 유대교의 많은 종교지도자들도 전쟁 반대에 참여했다. 반대집회 참가자들은 해가 갈수록 늘어났고 젊은이들은 징집을 거부하고 기꺼이 감옥에 가는 길을 택했다. 1965년부터 대규모 집회와 저항이 계속됐지만 전쟁은 끝나지 않았다. 그럼에도 평화운동은 정부에 대한 압력을 높여갔고 민주당 대선주자를 통해 적극적으로 정치에 개입하기도 했다. 베트남에서 막대한 인명손실과 패배를 겪은 미군은 결국 1973년 철수했고 반대운동도 자연스럽게 와해됐다.[14]

1980년대 초반에는 다시 핵무기반대운동이 확산됐다. 미국 상원의

14　Danielson, pp. 12-15.

SALT II 인준 실패, 카터 정부의 핵무기 선제사용 승인, 이어 레이건 정부의 무력 확충과 국방 예산 증대로 핵전쟁을 포함한 전쟁에 대한 대중의 우려가 높아졌다. 평화운동은 핵동결(Nuclear Freeze) 캠페인을 시작하고 미국과 소련 양측에 "핵무기, 핵미사일, 그리고 핵무기 장착을 위한 신형 전투기의 실험, 생산, 배치를 상호 동결"할 것을 요구했다. 이 운동의 정점은 거의 백만 명의 시민이 참석한 1982년 6월 12일의 뉴욕 센트럴 파크 집회였다. 이런 대중의 지지 및 참여에 더해 다양한 분야의 지지를 확보한 것 또한 운동의 큰 성과였다. 12개의 주의회, 321개 시의회, 그리고 109개의 미국 및 국제단체들이 캠페인을 지지했다. 71%의 미국인이 캠페인을 지지했고, 1983년 5월 미하원은 압도적인 지지로 핵동결 결의안을 통과시켰다. 핵무기 및 핵전쟁에 대한 우려와 반대하는 캠페인은 서유럽에서도 일어났다. 특별히 서유럽 국가들은 미국의 크루즈미사일 및 퍼싱미사일 배치 계획과 소련의 SS-20 미사일 배치에 강하게 저항했다. 거의 모든 서유럽 국가에서 핵무기반대 시위가 벌어졌고 반핵 단체가 증가하고 이에 대한 대중의 지지도 높아졌다.[15] 이때 되살아난 반핵운동은 후에 핵폐기물과 환경문제를 연결시킨 운동으로까지 발전했다.

반전운동을 거치면서 평화운동은 대중화됐고 1980년대에는 다양한 사회 현안을 다루기 시작했다. 평화운동은 군사주의, 핵무기, 전쟁 반대, 경제 개발, 환경, 인권 등 다양한 문제와 평화와의 관계를 규명하고 사회변화와 연결시키는 사회운동으로 정착했다. 평화운동의 발전에 따른 자연스런 변화지만 거기에는 1960년대 말부터 본격화된 평화연구의 기여

---

15 Ibid., pp. 18-19; Jimmy Carter's Controversial Nuclear Targeting Directive PD-59 Declassified. National Security Archive Electronic Briefing Book No. 390. The National Security Archive, The George Washington University(September 14, 2012). https://nsarchive2.gwu.edu/nukevault/ebb390/.

도 있었다. 1960년대 초반에 여러 평화연구자들이 연구 결과물들을 내놓았고, 1970년대 중반에는 전쟁 체계와 평화 체계에 대한 학문적 분석도 나왔다. 1960년대 말부터 등장한 평화와 갈등해결 연구소들도 평화 연구 및 실천의 체계화와 확산에 기여했다.[16] 특별히 1970년대 초반부터 대학에 평화학과가 설립되면서 전쟁을 넘어 사회 구조와 문화에서 비롯된 다양한 폭력까지 평화 연구의 주제로 정착됐다. 평화학은 여러 면에서 평화운동과 협력관계를 유지했고 평화학과 평화운동은 함께 발전할 수 있었다.

5. 냉전 이후 평화운동과 평화세우기

1980년대 말 군사적 대결과 무기 경쟁이 첨예했던 냉전이 끝나면서 세계는 전쟁과 무기 경쟁 없는 평화로운 세상을 기대했다. 그러나 1991년 미국의 이라크 침공으로 다시 반전운동이 전 세계적으로 확산됐다. 2000년에 세기가 바뀌면서 세계는 가장 폭력적이었던 20세기를 뒤로 하고 다시 전쟁 없는 새로운 세기의 시작을 기대했지만 세계는 곧 전쟁의 소용돌이에 휩말렸다.

9·11 테러에 대한 보복으로 미국은 2001년엔 아프가니스탄 전쟁을, 2003년엔 이라크 전쟁을 시작했다. 두 전쟁 모두 테러 예방과 세계 평화를 위해 이슬람 세력을 축출하고 대량학살 무기를 제거한다는 명분을 가지고 있었다. 그러나 두 전쟁 모두 테러에 대한 미국의 보복이자 그것을 빌미로 반미적인 정권을 축출한 뒤 친미적인 정권을 세워 지역 패권을

---

16   Boulding, pp. 68-69.

사진 5-2 미국, 영국이 주도한 이라크 침공을 규탄하는 대규모 시위(런던)

장악하고 미국의 이익을 확대하려는 목적을 가지고 있었다. 이라크 전쟁이 일어나기 전 이미 전 세계적으로 이라크 전쟁에 반대하는 캠페인이 확산됐다. 특별히 2003년 2월 15일에는 전 세계 60개 국, 600여개 도시에서 전쟁반대 시위가 있었고 천만 명에서 천 5백만 명 정도가 시위에 참여한 것으로 집계됐다. 로마에서는 3백만 명이, 런던에서는 75만 명이 시위에 참가해 도시의 기록을 갈아치우기도 했다. 세계 역사상 가장 큰 규모의 조직된 시위였다.

그러나 대규모 반전 시위도 전쟁을 막지는 못했다. 이라크 전쟁은 2011년 12월 공식적으로 종식됐지만 이라크는 지금까지도 테러와 종족 사이 대결로 무장 갈등 상황에 처해있고 정치 불안을 겪고 있다. 아프간 전쟁은 16년 이상이 지난 지금까지 계속되고 있고 반군세력, 미군을 포함한 나토군, 아프간 정부군, 그리고 테러에 의한 민간인 희생이 계속되고 있다.

냉전 이후 평화운동은 여전히 전쟁 반대에 초점이 맞춰진 것처럼 보였지만 사실은 여러 면에서 변화를 보였다. 평화운동의 주제가 더욱 다양해졌고 세계 곳곳에서 새로운 평화운동 단체들이 등장하고 정착해갔다. 이런 변화에 영향을 미친 원인 중 하나는 유감스럽게도 냉전 이후 권력 공백기와 정치 불안이 이어진 사회에서 생긴 내전, 무력 충돌, 무장 갈등 등의 상황이었다.

1990년대 초반부터 동유럽과 아프리카 국가들에서 참혹한 내전이 발생했고 막대한 희생과 사회 파괴를 야기했다. 아시아에서도 민족과 종교의 차이를 빌미로 한 무장 충돌과 갈등이 이어졌다. 내전과 무장 충돌을 겪은 사회에서는 평화 정착, 구조 변화, 공동체 및 관계 회복 등을 위한 다양한 평화 움직임이 등장했다. 또한 무장 갈등에 취약한 사회에서도 무력 충돌을 예방하고 물리적 폭력에 기대지 않는 갈등의 해결에 초점을 맞춘 접근이 등장했다. 이런 당사자들의 평화 움직임과 북미와 서유럽의 기관 및 단체들의 인적, 물적 자원이 결합하면서 물리적 폭력과 충돌에 취약한 사회에 다양한 평화 노력, 나아가 평화운동이 정착했다. 이런 평화운동은 현장에 충실한 풀뿌리 운동의 성격을 가지고 기존의 하향식 접근을 지양하고 상향식 접근을 강조했다. 이런 사회에서는 정부를 상대로 한 전쟁 반대 캠페인이나 시위를 통해 존재감을 드러냈던 평화운동보다 현장 상황의 비판적 분석, 당사자 역량 형성과 향상을 위한 교육 및 훈련, 공동체 복원 및 변화 등 구체적이고 정교한 프로그램들을 만들고 실행하는 현장 및 특정 주제 중심의 평화운동이 진행됐다.

이런 변화에서 주목할 것은 평화세우기(peacebuilding) 접근의 확산이었다. '평화세우기'는 1990년대 초반 처음 등장했다. 1992년 당시 유엔사무총장이었던 부트로스 부트로스-갈리(Boutros Boutros-Gali)는 '평화 의제(An Agenda for Peace)'라는 보고서에서 전쟁 및 무장 충돌의 종식을 말하는 평화만들기(peacemaking), 그리고 정전 유지와 평화조약 실행을 감시하는 과정인 평화유지하기(peacekeeping)으로 한정되는 유엔 활동을 넘어 무장 갈등 후 국가와 사회를 재건하고 갈등 재발을 막을 수 있는 총체적인 사회 제도와 역량을 만드는 유엔 활동으로의 전환을 모색하기 위해 '평화세우기'라는 용어를 사용했다. 그후 국제기구에서 평화세우기는 무장 갈등 후 사회 재건에 주로 초점이 맞춰지고 현장 당사자를 중심에 두는 상향식 접근과 연계해 이해됐다. 유엔은 물론 평화운동단체, 구호개발단체, 연구자, 현장 활동가 등 다양한 집단이 평화세우기 개념과 접근을 적극적으로 수용했고 다양한 프로젝트를 통해 현장에 적용하면서 평화세우기는 풀뿌리 운동으로까지 확산됐다. 이제 평화세우기는 무장 갈등을 포함한 사회 집단 및 개인 사이의 갈등, 폭력, 평화 관련 현안을 다루고 변화를 만드는 다양한 접근을 일컫는 포괄적 용어로 이해되고 있다. 또한 국제기구나 정부기구 등이 주도하는 사업이나 프로그램이 아니라 민간 차원의 다양한 평화 움직임과 노력, 풀뿌리 현장의 변화를 위한 프로그램이나 활동을 통해 더 많이 언급되고 더 자연스럽게 이해되고 있다.

평화세우기 영역에 속하는 평화 접근 및 노력은 다양하다. 무장 충돌의 중단, 정치적 불안 해소와 배제의 중단, 만성적 빈곤과 폭력의 제거 등 대륙, 국가, 지역, 공동체 차원의 다양한 안보 문제는 물론 집단 및 개인 갈등의 해결, 관계의 회복, 공동체의 평화 등 다양한 집단과 개인의 삶의 문제가 '평화세우기'라는 큰 개념적, 실행적 우산 하에서 실행되고 있다. 이 모두는 폭력의 제거 및 평화 성취의 목표를 가지고 진행된다. 구체적으로는 몇 사람의 시도로 시작되고 확산된 지역사회의 전쟁 종식 노력, 전쟁 후 사회 재건 과정에 민간과 대중을 참여시킨 평화운동 단체의 로비와 노력, 공동체와 관계 회복을 위한 갈등해결 교육과 화해 노력,

전쟁 범죄 규명을 위한 현장조사와 청취 프로젝트, 현장의 필요에 답하는 상향식 구호 개발 디자인, 지역 변화를 위한 풀뿌리 자원의 역량 강화 교육과 훈련, 공동체 화해를 위한 공동 텃밭 프로젝트 등 프로그램의 영역과 종류는 다양하다. 이것들이 평화세우기 접근으로 분류되고 나아가 평화운동으로 이해될 수 있는 이유는 모두 다양한 개인 및 집단의 평화로운 공존을 목표로 하고, 즉각적으로는 폭력을 감소시키고 장기적으로는 제거하기 위해 노력하며, 평화로운 방식에 의존하기 때문이다.

평화세우기 운동과 접근의 특징은 몇 가지로 요약될 수 있다. 그 첫 번째는 포괄적 접근이다. 유엔이 애초 평화세우기를 제안한 이유는 전쟁 종식과 정전 유지를 넘어 새로운 구조와 체계를 통해 국가와 공동체를 재건하고, 당사자 역량 향상을 통해 전쟁 및 무장 충돌을 예방하고, 궁극적으로 지속가능한 평화를 만드는 다양한 노력의 필요를 인식했기 때문이다. 그러기 위해 전쟁 종식 직후의 국가세우기와 제도 형성이라는 단기적 목표를 넘어 사회의 변화와 평화의 정착이라는 중 · 장기적 목표까지 아우르는 포괄적 접근과 실행이 필요했고 그것을 개념화한 것이 평화세우기였다. 그러나 지난 20여 년 동안 평화세우기는 전쟁 및 무장 충돌 상황에 대한 대응을 넘어 다양한 사회에서 폭력을 예방 내지 제거하고 평화로운 사회로의 변화를 모색하는 다층적인 노력과 그를 위한 포괄적 접근을 의미하는 개념 및 실행 방식으로 발전했다.

두 번째 특징은 하향식 접근을 지양하고 상향식 접근을 적극적으로 모색하고 독려하는 것이다. 폭력의 종식과 평화의 성취에서 상향식 접근은 국가기관이나 외부의 지원자 내지 개입자가 아니라 현장의 당사자가 폭력의 감소, 갈등의 해결, 그리고 평화의 성취 및 지속가능한 평화의 필요를 확인한 후 과정을 결정하고 책임지는 것이다. 이것은 다른 말로 현장의 당사자가 객체가 아닌 주체가 되며 사업이나 프로그램에 대한 주도권을 갖는 것을 의미한다. 외부의 지지, 지원, 개입은 당사자의 필요에 응답하는 것이 된다. 당사자 스스로 필요를 확인하지 않고는 무장 충돌 및 갈등의 중단은 물론 평화의 정착과 지속가능한 평화의 성취가 불가능하기 때문이다. 나아가 하향식 접근 및 외부의 주도로 이뤄진 평화세우기는 당사자의 구체적 필요를 파악하지 못하거나 거기에 취약하게 대응해 결국 집단 사이의 무장 충돌이나 갈등의 재발을 야기하기 때문이다. 이런 평화세우기 접근은 무장 갈등 후 사회 또는 무장 갈등에 취약한 사회에는 물론 구조적 폭력과 그로 인한 배제 및 희생이 만연돼 있는 개발도상국이나 선진국 사회에도 같은 방식으로 적용된다.

세 번째는 전략적 접근이다. '전략적(strategic) 평화세우기'라고도 불리는 이것은 평화세우기가 단순히 폭력이나 갈등의 중단이 아니라 폭력과 갈등을 야기한 사회 구조와 문화, 그리고 집단과 개인 사이의 관계 변화를 통한 평화의 정착을 목표로 하기 때문에 등장한 이론이다. 이 접근에 따라 하나의 평화세우기 사업 또는 프로그램은 당사자의 상황은 물론 주변 및 외부의 영향까지 고려하고, 현재의 목표가 중.장기적 목표 달성을 방해하지 않도록 계획되고 실행된다. 전략적 접근은 하나의 사회 및 집단이 여러 가지 폭력 및 평화 현안에 동시에 직면하고 있음을 인식하고 장기적 전망을 가지고 문제에 대응하고 여러 가지 목표를 달성하기 위해 자원, 활동가, 접근 방식 등을 조율한다.[17] 이에 따라 전략적 접근은 불가피하게 네트워킹의 형성 또는 확인, 당사자 참여 및 주도, 사회 및 개인의 역량 형성과 향상, 외부의 적절한 지원과 개입 등을 포괄적으로 고려하고 적용하게 된다. 그 중심에는 당사자가 자리 잡게 되고 효율적

17　L. Schirch, "Strategic Peacebuilding," *South Asian Journal of Peacebuilding* 1:1(2008), p. 8.

이고 장기적인 실행을 위해 평화세우기를 주도하는 내부자와 다양한 현실적 한계를 극복하도록 내부자를 지원하는 외부자 사이의 긴밀한 협력 관계가 형성된다.

냉전 이후 내전과 비국가(non-state) 집단의 증가로 불확실성이 높아진 무장 갈등 및 폭력의 상황에서, 또한 무장 갈등이 아니어도 사회 구조 및 문화에 의한 폭력이 심화되고 배제와 소외가 만연한 상황에서 평화세우기는 예측 불가능한 상황에 가장 잘 적용될 수 있고 폭력과 평화를 다루는 가장 현실적인 접근으로 인식되고 있다. 그것은 평화세우기가 전체를 보는 포괄적 접근과 당사자를 중심에 놓는, 그리고 동시에 당사자의 필요에 답하는 외부의 지원을 아우르는 새로운 평화운동이자 풀뿌리 운동의 성격을 띠고 있기 때문이다. 평화세우기는 등장 후 20여 년이 지난 현재도 현장의 변화와 당사자의 필요에 따라 진화하고 있는 개념이자 접근이다. 특별히 종적인 면에서 풀뿌리 층위와 정책결정자 층위를 연결하고, 동시에 횡적인 면에서 사회변화를 위한 다양한 영역의 네트워킹과 협력을 강조하는 전략적 평화세우기는 새롭고 바람직한 접근으로 현장 및 당사자의 광범한 지지를 받고 있다. 동시에 현장 운동의 한계를 극복하고 당사자 삶의 변화를 위한 가장 현실적이고 효율적인 접근으로 이해되고, 21세기를 대표하는 평화운동의 한 영역으로 자리매김하고 있다.

■ 더 읽을 책

리사 셔크 지음, 김가연 옮김, 『전략적 평화세우기』, KAP, 2014.

존 폴 레더라크 지음, 김동진 옮김, 『평화는 어떻게 만들어지는가』, 후마
　　　니타스, 2012.

■ 토론 주제

1. 전쟁이 평화운동에 지대한 영향을 미쳐온 상황을 비판적으로 성찰해
　보자.

2. 평화세우기 접근이 한국사회 평화운동의 맥락에서 어떻게 해석될 수
　있는지 토론해 보자.

6장

한국 평화운동사

1. 범주 설정과 시기 구분

1) 평화운동의 범주 설정

평화운동의 범주를 어디서 어디까지 할 것인지는 말하는 사람의 시각
과 논의 목적에 따라서 달라진다. 또 그 질문은 평화를 어떻게 정의하느
냐의 문제와도 연관이 있다.[1] 평화를 의제, 가치, 정체성 등으로 파악할
수도 있고(이대훈), 여성주의 시각에서는 남녀 간 동등한 권리, 여성의 정
치참여 기회 보장, 여성 혐오 폭력의 종식, 빈곤의 여성화 탈출 등(안김정

---

1 한국 평화운동의 범위와 시기 구분에 관해 박순성(동국대), 이대훈(성공회대), 안김
정애(평화를만드는여성회) 선생님의 자문이 있었음을 밝히고 감사를 표한다.

애)으로 정의할 수도 있다. 이를 참고하되 여기서는 갈퉁의 소극적·적극적 평화 개념을 적용해 평화운동의 범주를 토론해보자.

첫째, 평화를 전쟁을 비롯한 물리적 충돌이 없는 상태로 정의한다면 평화운동은 반전운동과 폭력추방운동으로 한정하는 것이 적합하다. 이렇게 범주를 설정한 평화운동을 한국에 적용할 경우, 한국의 평화운동은 크게 두 영역으로 생각해볼 수 있다. 하나는 제2의 한국전쟁 발발을 예방하는 반전운동, 그리고 잠재적인 전쟁에 대비하는 군비경쟁이나 한반도 긴장을 초래하는 남북 간의 온갖 대결과 강대국들의 적대적인 대한반도정책, 특히 미국, 일본과 북한의 적대관계를 감시하며 군축과 관계정상화를 위한 캠페인을 평화운동에 포함할 수 있다. 다른 한 영역은 한국사회에서 일어나는 일련의 폭력을 중단하고 폭력을 불법화 하는 제도적 노력과 관용과 상호 이해를 함양하는 평화교육 등을 전개할 수 있다. 사회 내 폭력추방운동은 특히 공권력과 정치·경제·사회적 기득권층에 의한 인권침해를 고발, 예방하는 일이 주된 내용이라는 점에서 인권운동과 겹쳐있다.

둘째, 적극적 평화 개념을 적용할 경우 평화운동의 범주는 한층 넓어진다. 평화운동을 위와 같이 설정해도 그 범위가 좁은 것은 아니지만, 운동의 대상이 물리적 폭력에 한정하고 있다는 점에서 다른 종류의 폭력까지 생각해볼 수도 있다. 적극적 평화는 물리적 폭력 외에도 그것을 정당화하는 구조적·문화적 폭력의 극복에도 관심을 갖는 개념이다. 평화운동이 소극적 평화(물리적 평화)와 적극적 평화를 모두 포함할 경우 그 범위는 광범위하다. 이름 붙여 적극적 평화운동이라고 한다면 현 인류사회가 직면한 거의 모든 문제를 평화운동에 포함시킬 수 있다. 자유, 평등, 화해, 통합, 다양성, 생태 등등. 이런 시각에서 보면 한국 평화운동은 반전·반핵·군축과 같은 전통적인 평화운동은 물론 여성, 장애인, 아동,

외국인노동자, 북한이탈주민(탈북민) 등 사회적 소수자들에 대한 차별 반대와 이들의 인권 옹호운동, 그리고 노동자, 농민, 빈민 등 기층 민중의 생존권 옹호 활동을 포함할 수 있다. 또 한민족의 비극적인 근대사의 반영으로서 일본 제국주의 통치의 잔혹함의 직접적인 대상이었던 독립운동가, 종군위안부, 강제 징용자, 원자폭탄 피해자 등 각양의 피해자들에 대한 진상규명과 보상 및 추모사업도 한국 평화운동에 포함되는 것이다. 분단과 전쟁 과정에서 무고하게 희생된 민간인들, 가령 제주 4·3사태를 비롯해 군경에 의한 수많은 민간인 학살에 대한 진상규명과 보상 및 추모사업도 평화운동에 포함할 수 있다.

이와 함께 전쟁과 이념 대립으로 민족과 국토가 분단되어 가족과 친지가 죽고 헤어지고 아직도 전쟁의 위기 속에서 살고 있는 현실을 생각할 때, 통일운동이 한국형 평화운동의 특징을 잘 드러내는 영역이라 할 수 있다.

이렇게 본다면 위와 같은 희생을 초래한 근본적인 원인, 곧 분단을 극복하려는 통일운동을 평화운동으로 간주할 수도 있을 것이다. 물론 통일운동을 평화운동으로 간주하기 어렵다는 견해도 가능하다. 평화가 보편적 가치이고 평화운동도 한 국가나 민족의 관심사로 국한되지 않고 세계적인 의미를 띤다면, 통일운동은 평화운동에 포함하기 어렵다고 볼 수도 있을 것이다. 통일운동이 민족주의를 주 이념으로 삼고 있는 점으로 인해 통일운동이 배타성을 띤 것으로 간주할 수도 있다. 분단·통일문제가 이념 갈등의 프레임에 갇혀온 점도 이런 지적에 설득력을 더한다.

그럼에도 통일운동이 한국 평화운동에 포함되는 보편성을 갖는다는 주장도 만만치 않다. 분단이 약소민족의 의사에 반하는 외세의 강압에 의한 것이라는 사실과 분단의 지속이 물리적인 힘과 이념 갈등에 기반해 인간의 자유와 복리를 침해한다는 점에서 분단은 반평화적이다. 그러므

로 분단 극복은 평화를 지향한다. 다만 지금까지 전개되어온 통일운동이
외세에 의한 분단을 강조하며 민족자주, 민족대단결 등 민족주의 정서
를 강조한 점은 사실이다. 그러나 위와 같은 점들로 인해 통일운동은 한
국형 평화운동이라 할 수 있다. 현실적인 면에서도 분단체제 하에서 한
반도의 평화는 불가능하다. 아니 비현실적이다. 분단체제 하에서 분단의
일방만의 평화는 어불설성이기 때문이다. 또 남북이 대결하고 갈등하는
상태에서, 다시 말해 분단이 지속되는데 평화는 요원하다. 통일 없이 평
화는 불가능하다는 점에서 통일운동과 평화운동은 긴밀한 관계에 있다.
나아가 통일운동은 평화운동의 일부로 볼 수도 있다. 왜냐하면 한반도에
서 지속가능한 평화는 통일 이후 한반도 전역에 자유와 평등이 꽃피울
때 가능하기 때문이다. 이런 식으로 통일운동과 평화운동은 길항관계에
있다(박순성). 말하자면 한국 평화운동의 특징은 평화운동이 통일을 이루
고 통일 이후 한반도를 평화공동체로 만들어가는 2단계 연속운동이라는
점에 있다.

2) 평화운동의 시기 구분

한편, 한국 평화운동의 시기 구분도 평화운동사를 말할 때 먼저 다루
어야 할 바이다. 보통 ○○○사(史)라고 하면 일차적인 문제가 시기 구분
이다. 그러면 당연히 시기 구분의 기준이 나와야 한다. 한국 평화운동사
는 언제부터인가? 여기서는 편의상 해방(1945) 이후로 잡는다. 평화운동
을 "폭력과 갈등에 대응하는 시민적 실천 일체(이대훈)"로 정의해서 한국
사에 적용할 경우, 한국 평화운동사는 동학농민운동이나 해방 시기 건국
준비위원회 활동은 물론 고려시대 만적의 난이나, 그보다 앞서 고구려,
백제의 패망 이후 그 유민들의 부흥운동도 거론할 만하다. 그러나 여기

서는 시기를 현대로 한정해서 생각할 것인데 그래도 시기 구분은 간단치 않다. 특히 평화'운동사'이기 때문에 시기 구분의 기준으로 시민사회의 시각이나 관심사를 고려해야 한다는 강박감이 있는데, 그런 기준을 제시하기는 쉽지 않다. 물론 양심적 병역거부운동 및 대체복무제 도입 캠페인을 기준으로 삼아 한국 평화운동이 전통적인 반전평화운동에서 새로운 영역, 구체적으로 개인의 인권 차원으로 확대발전한 것으로 볼 수도 있다. 또 이라크 파병반대운동을 하나의 분기점으로 삼아 한국 평화운동이 전국 각계각층으로 확산되는 동시에 세계적인 평화 이슈를 적극 수용해 연대에 나섰다고 평가할 수도 있을 것이다. 그러나 그런 운동 차원의 사건이나 시민사회의 기준을 전 시기에 걸쳐 제시해 한국 평화운동사의 시기 구분을 하기에는 한계가 있다. 왜냐하면 분단과 남북한 대치, 그리고 반공 권위주의 정권 시기에 평화운동이 미미했기 때문에 시기구분을 시민사회의 시각에서 일관되게 제시하기 어렵기 때문이다. 앞으로 이에 대한 연구가 깊어져야 하겠다.

위 논의를 현대 한국 평화운동사의 시기 구분은 세계사적인 전환을 기준으로 하는 것이 무리가 없을 것이다. 각국의 평화운동사는 각국의 특수성이 있지만 평화운동의 보편성을 감안할 때 세계사적인 흐름 속에서 조망하는 것도 필요하고, 특히 분단정전체제가 말해주듯이 세계사적 흐름은 단순히 한반도 평화(운동)의 외적 환경이 아니라 주요 요소로 작용해왔다. 그렇게 볼 경우 한국 평화운동사는 크게 보아 세 시기로 나누어 볼 수 있는데 ① 냉전기(1945~1987)로서 한반도에서는 해방, 분단, 전쟁, 분단체제, 남한에서는 권위주의 시기였고, ② 탈냉전기(1988~1999)로서 한반도에서는 민주화, 남북대화, 1차 북핵위기가 일어난 시기이고, ③ 새천년기(2000~현재)로서 한반도에서는 남북대화와 갈등의 반복, 2~3차 북핵위기, 촛불시민혁명이 일어난 시기를 포함한다. 이렇게 나눈 세 시기는 비단 한국 평화운동사의 시기구분만이 아니라 한국정치사 등 다른 주제의 시기 구분으로도 활용할 만한 가치가 있는 거시적 구분이다. 사실 위 시기 구분에는 세 차원의 정세가 포함되어 있다. 국제 정세, 한반도 정세(남북관계 포함), 한국 내 정세가 그것이다. 이 차원의 정세가 한국 평화운동의 내용, 방향, 그리고 발달 정도에 영향을 미쳤다는 의미이다. 그럼 세 시기로 나누어 평화운동의 역사를 간략히 살펴보자.

2. 평화운동의 전개과정

1) 냉전기: 동토 위의 평화운동

민족독립운동을 이끈 백범 김구 선생은 좌우합작을 통한 통일독립국가 건설을 시도하면서 분단을 반대했다는 점에서 통일의 선구자이지만, 분단이 민족 분열을 가져오는 것이 명백하고 결국 전쟁까지 초래했다는 점에서 그의 좌우합작운동은 존중, 연대, 통합 등의 가치를 담은 평화운동으로 평가할 만하다. 그에게 한민족은 외세의 억압을 당한 약소민족이자 겨레 구성원들의 창의와 자발성을 바탕으로 타 민족과 공생하는 평화공동체로 정의된다. 그러므로 김구의 민족관은 배타적이거나 침략적인 민족주의와는 거리가 먼 시각이다. 『백범일지』를 통해 그가 꿈꾸었던 나라는 부강한 나라가 아니라 "높고 새로운 문화의 근원이 되고 목표가 되고 모범이 되길" 바랐고 그럼으로써 "진정한 세계의 평화가 우리나라에서 세계로 실현되기를" 바랐다. 이를 볼 때 백범의 사상은 현대 한국 평화운동의 방향은 물론 식민통치에서 해방된 약소민족의 나아갈 길을 제시한 세계적인 평화사상이라고 말할 수 있다.

사진 6-1 한국전쟁의 영향은 한국평화운동이 극복해야 할 숙명적인 과제이다. 사진은 전쟁으로 부숴진 북한 노동당사(철원) ⓡ서울대학교 통일평화연구원

한국전쟁은 민족상잔의 비극이라는 말에서 알 수 있듯이 내전(civil war)이자 동시에 국제전으로서, 수백만 명이 희생된 2차 세계대전 이후 피해가 가장 큰 전쟁이었다. 이때 이승만 정권에 의한 정치적 탄압으로 옥중에 있던 최능진은 정전과 평화협상을 주장했다. 그는 전쟁을 중지하고 민족·공산진영 대표를 국제연합에 보내 전쟁을 해결하자고 제안했지만 남북 양측으로부터 배척당했다. 최능진은 서울 수복 이후 국군에 의해 공산당 부역자 혐의로 몰려 군법회의에서 사형을 선고받고 1951년 2월 총살됐다. 그러나 2009년 과거사정리위원회는 1951년 당시 헌법에 근거하지 않는 국법회의가 최씨의 활동을 왜곡해 사형을 선고하는 등 중대한 인권침해 행위가 있었기에 진실규명을 하라고 결정했다. 2017년 12월 11일 서울고등법원은 최씨의 아들 등 유족 6명이 국가를 상대로 낸 손해배상 청구 항소심 소송에서 원고 일부승소 판결했다. 독립운동가 출신인 최능진이 이승만 정권의 눈밖에 난 것은 해방 이후 경무부 수사

국장으로 재직하면서 경찰 내부의 친일파 숙청을 요구하고 5·10총선에서 이승만과 경쟁했기 때문이다. 이승만 분단정권이 수립되자 그는 쿠데타 혐의로 징역 5년을 선고받고 투옥되었던 것이다.

이념으로 동족을 죽임으로 몰아넣은 전쟁 시기에도 남북한 양측에서 전쟁, 곧 총을 드는 것을 반대한 평화운동이 벌어졌으니 그것이 바로 '여호와 증인'의 집총거부였다. 이들의 반전평화운동은 오늘날까지 이어지고 있고 한국의 양심적 병역거부운동의 초석을 놓았다.

냉전기 반공 이데올로기가 횡행하는 가운데 분단체제의 평화적 극복을 추구한 사람들은 형장의 이슬로 가거나 억압의 표적이 되어 숨어서 숨을 쉴 수밖에 없었다. 전쟁 통에 청년 김낙중은 '탐루(探淚, 눈물을 찾는다)'라고 쓴 연등을 들고 부산 광복동에서 1인 시위를 벌였다. 그는 민초들의 죽음과 헤어짐, 그리고 통곡을 보면서 전쟁 중단을 외치며 연등을 들고 뛰어다녔다. 그는 정전 이후에도 합의에 의한 평화통일의 꿈을 지우지 못해 임진강을 헤엄쳐 북녘땅으로 건너가 그런 뜻을 전하다가 남으로 추방되었고, 남으로 돌아와서는 간첩으로 둔갑되었던 것이다. 김낙중의 분단 뛰어넘기는 순수한 청년의 꿈꾸기에 불과했던가. 지금도 생존하고 있는 김낙중은 그동안 여러 통일운동단체를 조직하고 이끌며 통일운동의 방향을 평화주의, 연방제, 중립노선 등으로 제시해왔다.

김낙중이 남북을 오가며 평화로운 통일의 뜻을 전할 때 진보인사 조봉암은 이승만 정권 안에서 평화통일을 꿈꾸었다. 일본 식민통치 시기 사회주의노선을 걸었던 그는 1948년 남한 단독정부 수립시 초대 농림부장관을 지내며 토지개혁을 이끌었고, 전쟁 중이던 1952년 제2대 대통령후보로 출마해 2위를 함으로써 이승만의 장기집권에 경쟁자로 급부상하였다. 1956년 제3대 대통령후보로 다시 출마했으나 낙선한 조봉암은 그해 11월 진보당을 창당해 평화통일을 주장하다 승공·북진통일론을 펼치던 이승만 정권에 의해 국가보안법 위반 혐의로 체포되어 1959년 사형당했다. 평화통일을 주장한 것이 국시 위반으로 간주돼 사형까지 당하던 시절이었다. 평화통일을 주장하는데 목숨을 걸었던 그가 오늘날 대한민국 헌법의 밑거름이 되고 정당과 시민단체의 평화운동의 초석이 되었던 것이다.

한편, 이 시기 시민사회 진영에서 터를 닦고 평화운동을 선도한 인물로는 함석헌과 장일순을 꼽지 않을 수 없다. 두 인물은 평화주의의 양축이라 할 수 있는 생태평화사상과 비폭력 저항정신으로 무장하였지만 권력정치를 지향하지 않았다는 점에서 공통적으로 현대 한국 평화운동사에서 크게 기록될 만하다. 전쟁 후 상이군인, 고아들을 돕고 보호하는 활동도 관변단체나 자선단체에서 일어났는데 이것도 당시 시대적 상황에서 평화운동으로 기록할 수도 있을 것이다.

함석헌의 비폭력 평화사상 및 운동은 간디, 톨스토이, 기독교, 무정부주의 등 다양한 사조 내의 평화사상을 체득해 한국 현실에 적용하고 몸으로 보여준 경우이다. 특히, 함석헌은 간디를 통해 인도의 평화사상을 적극 수용했는데, 아힘사(ahimsa)와 사티하그라하(Satyagraha) 개념에 주목했다. 아힘사는 사랑, 자비, 용서를 포함하는 비폭력을 뜻하고, 사티아그라하는 악행을 저지르는 사람을 강요하거나 처벌하는 게 아니라 설득으로 개심(改心)시키는 데 목적이 있다. 이를 바탕으로 함석헌은 비폭력의 본질이 상대방을 폭력으로 패배시키는 대신 정신력으로 상대방의 마음을 변화시키는 데 있다고 보았다. 나아가 그는 스스로 고통이나 고난을 당함으로써 상대방의 마음속에 있는 사랑과 인간적 감정을 불러일으키는 것까지 거론하면서 비폭력의 깊이를 더해주었다.

비폭력 평화주의자 함석헌과 장일순의 사상은 통일을 준비하는 한국인의 자세는 물론 통일국가의 상을 제시해주는 듯하다. 함석헌의 사상은 통일론(연방제, 중립화)에 중요한 시사점을 던져주고 있다. 그의 철학적, 사상적 핵심은 협화철학, 협화사상에 있다. 이는 전체를 위해서 서로 조화하고 공존하려는 태도를 일컫는 말이다. 한국사회가 지금 성과사회로 자기를 착취하다 못해 자발적인 폭력으로 심각한 우울증을 겪고 있는 현실에서 함석헌이 꿈꾼 더불어 살고 서로 격려하는 평화공동체의 비전이 새롭다.

장일순은 권위주의 통치기 치열한 민주화 운동을 겪고 민주화까지 체험했는데, 그 과정에서 발생한 이념과 지역의 갈등을 보면서 평화의 뜻을 한국 토양에서 찾아내려 했다. 장일순은 독재와 민주로 나뉘어 서로를 적대시하며 싸우던 20세기 한국사회를 배경으로 구성원들이 증오심을 극복하고 평화롭게 공존할 수 있는 조건을 깊이 고민한 인물이다. 장일순도 1950년대부터 세상을 떠날 때까지 비폭력 저항을 중심으로 평화운동을 이어갔다. 그는 자신의 호, 청강(靑江)을 지은 사연을 민주화 운동을 탄압하던 군부 권위주의세력을 암시하면서 "나를 핍박하고 욕되게 했던 이들까지도 사랑하자는 뜻에서 '푸른 강'이라고 지은 거"라고 밝힌 바 있다. 그가 민주 대 반민주의 대결 시대의 한 가운데서 적대세력을 용서하고 "더불어, 함께 살아야 한다"고 주장한 것은 천여 년 전 원효대사가 주창한 화쟁(和諍)을 되살린 것이다. 장일순은 생명평화사상에도 조예가 깊었는데 사상 차원에서 그치지 않고 강원도 원주에서 '한살림'이라는 풀뿌리 생태운동을 벌여 오늘날 생명 · 자치 · 협동의 가치를 사회적으로 확산시키는데 결정적인 기여를 하였다.

한편 1970년대 들어 일부 여성단체들로부터 원폭피해자 후원활동이 일어났다. 한일 민간교류의 일환으로 한일 개신교 여성단체들 간의 교류가 진행되는 가운데 한국인 원폭 피해자가 있음을 알게 되었다. 그러자 한국교회여성연합회와 YWCA는 이들에 대한 실태조사와 피폭자들의 치

| 조봉암 | 함석헌 | 장일순 | 문익환 |

사진 6-2 한국평화운동의 선각자들

출처: 바보새 함석헌 http://ssialsori.net/
　　　무위당장일순 http://www.muwidang.org/
　　　통일맞이 http://www.moon.or.kr/default/

료비와 그 2세들의 교육비를 지원하는 모금활동을 전개하였다. 1980년
대 들어서 여성단체들은 정부에 '피폭자 원호법' 제정을 촉구하는 한편
일본정부에 원폭피해자들에 대한 배상을 요구하기도 했다. 또 이 시기는
리영희 등 일부 소수 언론인과 학자들에 의해 미소 냉전 대결체제 하에
서 핵무기 전쟁의 위험성이 제기되었다. 그러나 원폭 피해자 보호 및 핵
전쟁에 관한 관심은 산업화 열망과 권위주의 통치로 인해 활성화 되지는
못하였다.

　냉전기 한국 평화운동은 초기 개인 차원에서 시작해서 조직적 차원으
로 나아가기 시작하였다. 조봉암이 이끈 진보정당의 평화통일론은 4·19
민주혁명에 즈음하여 혁신계 인사들의 평화통일론으로 이어졌지만 박정
희 쿠테타 세력에 의해 꺾였다. 여호와의 증인이 줄기차게, 그러나 눈물
겹게 벌여온 신앙의 양심에 의한 병역거부운동은 주류 기독교세력과 반
공 군사문화에 의해 당시에는 인정되지 못했다. 여호와의 증인의 신앙에
의한 반전평화운동을 예외로 한다면 냉전기 권위주의 통치 시기 평화운
동이 조직적으로 전개되기 어려운 환경이었다.

그럼에도 1970년대부터 일부 개신교 여성단체에서의 피폭 실태조사 및 그들에 대한 보호 활동이 일어나기 시작해 1980년대 후반기에 들어서 정부의 피폭자 보호정책과 제한적이지만 일본정부의 치료 수용을 이끌어냈다. 이상에서 보듯이 이 시기 평화운동의 내용은 전쟁 반대, 전쟁 및 원폭 피해자 돕기가 주였는데 크게 보아 전통적인 반전반핵평화운동의 범주에 넣을 수 있겠지만 그 수준은 초보적이었다. 소수 지식인의 핵무기 위험성 경고는 운동 차원으로 확산되지 못하였다. 탈핵생태 영역은 물론 식민통치 시기 각종 집단적 인권 유린과 전쟁 시기 및 분단 하의 민간인 학살 등 국가폭력에 관한 문제는 공론화되지 못했다. 결국 냉전기 한국 평화운동은 개인과 국내 차원에서 진행되었고 그 내용에서도 일부 반전운동의 측면에 머물러 있었다. 광범위하고 조직적이고 국제적인 차원의 평화운동은 해당 사회의 민주화와 개방화를 거친 이후에 가능한 일인지도 모른다.

2) 탈냉전기: 싹트는 평화운동

탈냉전기 한국 평화운동은 그 시간으로나 위치로나 냉전기와 새천년기 평화운동을 연결하면서 이전 시기의 평화운동을 이후의 그것과 구별짓게 해주는 분수령이 되었다.

민주화 이후 한국사회운동은 통일·평화문제에 관해 높은 관심을 나타냈다. 우선 북한을 있는 그대로 이해하고 대화와 평화적 방법으로 통일을 전망하는 논의와 움직임이 높아졌다. 반공 권위주의 시기에는 뿔 달린 괴물로 묘사된 북한은 "사람이 살고 있는 곳"으로 그려지기 시작했다. 그에 비해 미국은 분단의 책임은 물론 분단을 지속시키며 한반도를 정치·경제·군사·문화적으로 지배하는 제국주의 세력으로 인식되는 경향이 나타났다. 학생운동과 사회운동 진영 일부의 급진적인 통일운동진영은 반미·연북(連北)노선을 취해 보수세력의 비판에 직면하기도 하였다. 그런 가운데 통일운동진영은 핵무기를 이용한 미국의 대북 군사 독트린(doctrine)을 비판하면서 팀스피리트훈련, 대한(對韓) 무기 판매, 미국의 한국군 전시작전권 행사, 그리고 주한미군 주둔 등을 거론하면서 반전반핵운동을 조직적으로 벌여나갔다. 민족자주노선(NL) 진영으로 불린 이들 통일운동진영은 미군에 의한 한반도 강점이라는 역사관을 갖고 미군철수, 전시작전권 반환 등을 요구하며 공공건물 점거, 분신 등 과격한 행동을 전개해 사회에 큰 충격을 주었다. 당시 "반전반핵 양키고 홈(Yankee go home!)" 구호는 그런 운동을 상징했는데 한국사회가 민주화, 경제성장에도 불구하고 미국과의 비대칭적인 동맹관계 하의 냉전구조에서 탈피하지 못했음을 인식하는 계기가 되었다. 냉전 해체기에 나타난 이런 반외세 반전반핵운동은 권위주의 시기에는 생각도 하지 못했던 현상으로서 민주화로 북한·통일·안보문제에 관해서도 시민사회가 말할 수 있는 분위기가 조성되었다. 이는 미소 대결의 세계 냉전체제의 해소와 남북대화 전개와 같은 대외적 환경 변화에 힘입은 바 크다.

반외세 반전반핵운동은 북한에 대한 긍정적인 이해와 맞물려 전개되어 남북 민간 사이의 자주적 교류운동, 민족 동질성 회복 노력, '남북기본합의서' 국회 비준 및 이행, 그리고 연방제 통일운동으로 연결되었다. 이때 평화운동의 선두에 많은 사회운동가들이 있었는데 문익환 목사도 그중 한 사람이었다. 만주 용정 출신인 문 목사는 개화기 지식인 가문에서 자라나 민족독립과 사회개혁에 관심이 많았다. 해방 후 신학자와 목회자의 길을 나선 그는 박정희 반공독재정권에 맞서 민주화 운동으로 전환한 후 다시 평화통일운동으로 나아갔다. 냉전 해체기에 들어서 문 목사는 1989년 3월에 북한을 방문해 김일성 주석과 회담하면서 3단계 연방제 통일방안[2]에 공감대를 형성하기도 했다. 귀환 후 옥고를 치른 문 목사는 남·북·해외통일운동의 결집체인 조국통일범민족연합(범민련) 남측운동본부 결성을 이끌고 이후 범민련이 대중적 지지 확대에 한계가 있다고 보고 자주평화통일민족회의를 결성해 통일운동의 대중화, 지역화, 전문화를 추구하다 소천했다.

반외세 통일운동 진영이 북한에 대한 호의를 바탕으로 연방제 통일을 추구한 것은 사실이지만 현실의 벽은 높았다. 한국사회 내에서는 연방제 통일에 대한 이해가 부족한 상태에서 친북 논란 —사실상 이념적 낙인— 이 일었고 북한은 연방제는커녕 김일성 주석 사망과 대규모 기근 사태가 발생했다. 이때는 북한의 핵개발 의혹과 김주석 조문 논란도 일어났다. 그렇지만 국내에서는 진보·보수 성향을 망라하고 굶어 죽어가는 동포에 대한 연민과 인도주의의 발로로 대북 식량지원, 탈북자 보호 운동이 광범위하게 일어났다. 거의 모든 종단과 언론사, 그리고 남북나눔운동, 우리민족서로돕기, 남북어린이어깨동무와 같이 대북 지원 전문단체들이 생겨나 인도적 지원에 나섰다. 전국 각지에서 수많은 시민들이 식량과 옷가지, 의약품을 모아 북으로 보냈던 것이다. 이때 시작된 대북 인도적 지원운동은 오늘날까지 지속되고 있는데 이 운동은 인도주의는 물론 이념과 삶을 달리하는 정치공동체에 대한 존중을 바탕으로 분단의 벽을 넘어 평화와 통일의 길을 닦아간 한국형 평화운동임에 틀림없다. 당시 대북 인도적 지원 운동의 또 다른 의의는 남북한 당국간 대화가 중단된 상태에서 시민사회 주도로, 시민들의 참여로, 적대관계에 있는 동포들을

---

2 1단계 남북연합–2단계 남북연방–3단계 지방자치 연방국가 수립을 말한다. 1, 2단계의 통일은 남·북한의 통일방안과 각각 유사하다. 3단계는 분권형 연방제라는 문 목사의 아이디어가 스며든 통일방안으로서 1민족 1국가 1체제 1정부 형태라는 점에서는 남한의 통일방안과 공통점이 있다.

향해 통일이 단일 이념과 단일 체제가 아니라 화해와 상생이라는 다른 길을 제시한 데 있다. 물론 냉전 해체기 대북 지원운동은 남북대화의 중단과 북측과의 상호 교류보다는 일방적 지원의 성격이 컸던 것이 사실이다. 본격적인 민간교류운동은 2000년 6·15 남북 정상회담 이후에 전개되었다.

이때 평화군축운동이 일어난 것도 기록할 만한 일이다. 평화군축운동은 여성운동진영에서 불을 당겼는데 1990년대 들어 방위비 삭감 캠페인을 전개한 것이다. 1980년대 후반부터 진행된 미국과 소련의 군축협상, 남북한 유엔 동시 가입과 일련의 고위급회담 개최 등 냉전 해체의 물결은 한국에도 평화의 희망을 밝혀주었다. 여성평화운동은 방위비 삭감 캠페인을 군축운동의 일환으로 전개하면서 이를 평화통일의 기반으로 간주하는 한편, 국내적으로는 군축으로 여성복지 확대를 기대하였다.

대인지뢰금지운동이 일어난 것도 이때였다. 이 운동은 1997년 대인지뢰를 금지하는 '오타와 협약'이 체결된 것이 계기가 되어 기존의 평화·환경·통일운동 단체들이 손을 모아 한국대인지뢰대책회의를 조직해 대인지뢰 폐기 및 피해자 지원운동을 펼쳤다. 한국전쟁때부터 한반도에는 상대방 병력의 진격을 막으려고 대인지뢰를 휴전선 일대에 대량 매설해두었다. 후방 지역에도 대인지뢰를 매설해 민간인 피해가 끊임없이 발생해왔다. 국제평화운동은 대인지뢰를 비인도적 무기로 간주하고 폐기운동을 전개해갔는데 그에 대한 국제적 지지가 높아 유럽은 물론 중남미와 아프리카, 중동 등지에서 대인지뢰를 폐기하고 오타와 협약에 가입하는 나라가 늘어났다. 그러나 대인지뢰의 최대 피해지역의 하나인 한반도에서는 남·북한과 미국이 대인지뢰금지협약 가입을 거부해왔다. 그런 가운데 휴전선 부근 지역에서는 홍수 이후 지뢰가 내려오거나 오래된 지뢰가 논밭에서 터져 민간인 피해가 끊이지 않고 있다. 대인지뢰금지운동

사진 6-3 군축운동은 평화운동이자 복지운동이기도 하다. ⓡ참여연대

은 정전체제 하에서 살고 있는 시민의 생명과 안전을 보호하는 것은 물론 뭇 생명의 목숨과 인간과 자연의 조화를 추구하는 살림운동이자, 국제 평화운동에 동참하는 연대운동이라는 점에서 한국 평화운동의 지평을 넓힌 의의가 있다.

앞에서 말한 탈냉전기라는 시대적 환경 속에서 미군 주둔으로 파생된 한국의 사법주권 침해, 인권침해, 환경오염 등에 대처하는 평화운동이 본격 등장한 것이 두드러진 특징이다. 사실 이런 문제가 탈냉전기에 발생하기 시작한 것이 아니라 한국전쟁 직후 미군이 주둔한 때부터 일어났지만 국가 폭력과 통제 아래서 공론화가 이루어지지 못한 것이다. 민주화 효과가 안보영역에서도 나타난 것이다. 그런 문제는 주한미군주둔군지위협정(SOFA)이 불평등하게 맺어진 데서 연유한다. 주한미군이 국내에서 범죄를 저질러도, 기지 안팎에서 토양을 오염시켜도, 군사연습 중 주민들의 생명과 안전, 재산에 피해를 일으켜도 해당 미군에 대한 재판을 국내법에 의해 하지 못하는 원천적인 문제가 존재했던 것이다. 주한미군측이 한국인들을 업신여기는 태도와 미군 병사들의 교육수준이 낮은 점도 문제점으로 지적되었다. 사실 미군에 의한 한국민 차별과 불법적인 살인 및 각종 범죄는 해방 직후 한국에 진주한 이후부터 일어났고 분단 과정과 전쟁 기간에 극에 달했다.

그러나 반공 권위주의 정권의 통치 시기 주한미군의 주둔은커녕 그들의 주권 및 인권침해에 어떠한 고발이나 항의도 불가능하였다. 오히려 반공군사정권이 기지촌을 만들어 한국여성을 주한미군에게 현대판 위안부 일을 하도록 강요했던 것이다. 드디어 "동맹 속의 섹스"[3]의 추악함이 온 천하에 드러났다. 1992년 10월 28일 경기도 동두천시 기지촌에서 술집 종업원으로 일하던 윤금이씨가 주한미군 2사단 소속 케네스 마클(Kenneth Lee Markle III) 이병에게 무참하게 살해당한 일이 발생했다. 이에 대해 여성 · 종교 · 인권 · 지역 등 각계 시민사회단체들이 1992년 "미군으로 인한 윤금이씨 살해사건 공동대책위원회"를 결성해 대책활동을 벌였다. 그 성과를 이어 1993년 주한미군범죄근절운동본부가 결성됐다. 운동본부는 주한미군의 범죄와 피해를 접수 처리하고 피해자들을 지원하고 SOFA 등 한미 간 불평등한 제도를 개선하는 활동에 앞장서왔다.

주한미군범죄 근절운동은 1980년대 학생운동 일각의 과격한 주한미군 철수운동과 일정한 거리를 보이면서 미군에 의한 범죄, 환경오염, 군

---

3 캐서린 문 지음, 이정주 옮김, 『동맹 속의 섹스』(삼인, 2002). 이 책은 정부 문서, 공무원, 사회운동가와의 인터뷰, 성 산업 종사자들의 솔직한 증언 등 방대한 양의 자료를 기반으로 주한미군 기지 주변 매춘 여성들이 동맹과 안보라는 이름으로 한미 양국 정부의 동의 아래서 어떻게 이용되었는지를 상세하게 고발하고 있다.

훈련장 주변 주민 피해, 한국전쟁기 민간인 학살 등 미군 문제를 인권의 시각에서 접근하는 평화운동이다. 윤금이씨 살해사건 대책활동을 벌이며 한국의 평화운동은 미군이 범죄를 저질러도 재판권을 미군이 행사하는 SOFA의 문제점을 개선하고자 'SOFA개정 국민행동'을 조직하는 한편, 서울, 부산, 대구, 동두천, 군산 등 미군기지 도시와 주변의 환경오염 문제 해결과 조속한 기지 반환을 촉구하는 연대 활동도 활발하게 전개하였다. 그런 활동은 한국정부의 대미 협상력에 힘을 실어 이후 SOFA 부분 개정, 환경오염 기지에 대한 한미 공동조사, 미군기지 일부 반환, 매향리 폭격장 폐쇄, 미군의 노근리 민간인 학살 사건에 대한 미국 정부의 사과와 같은 성과를 이끌어내는데 기여했다. 또 한국의 주한미군범죄 근절운동은 오끼나와, 하와이, 괌, 필리핀, 독일 등 미군이 주둔하는 나라의 평화운동과 손잡고 미군이 어떻게 주둔 국가의 주권과 시민의 인권을 침해하는지, 그리고 그 메커니즘(mechanism)인 군사주의를 고발하는 국제연대운동도 전개하고 있다.[4]

이와 같이 탈냉전기 한국의 평화운동은 국내문제에 국한하지 않고 국제적인 문제와 관련지어 국제연대에도 눈을 뜨기 시작하였다. 위 미군기지범죄 근절운동과 대인지뢰폐기운동과 함께 두드러진 국제평화운동에 동참한 사례가 걸프전과 한국군 파병을 반대한 일이다. 1990년 이라크 후세인 정권의 쿠웨이트 침공을 계기로 1991년 1월 미국 주도의 연합국이 이라크를 공격하는 일이 벌어졌다. 1차 걸프전으로 알려진 이 전쟁이 일어나자 세계평화운동은 전쟁 중단과 미군철수, 대이라크 제재 중단 등

4　한국, 일본, 독일 등 해외주둔 미군기지에 의한 성착취에 관해서는 문승숙 · 마리아 혼 지음, 이현숙 옮김, 『오버 데어: 2차세계대전부터 현재까지 미국 제군과 함께 살아온 삶』(그린비, 2017)을 참조할 것.

을 주장하였다. 당시 한국에서는 일부 기독교단체와 여성운동을 중심으로 걸프전 종식과 한국군 파병 반대운동을 전개하였다. 당시 파병반대운동의 파장은 정치적으로나 사회적으로 크지 않았지만 이후 노무현 정부 들어 광범위한 이라크 파병반대운동의 씨앗이 되었고 한국 평화운동의 국제적 안목을 넓히는데 기여하였다.

탈냉전기 10여 년 짧은 시간이었지만 급격한 국제질서 변환기는 한국 평화운동이 본격화 한 시기로 기록될 것이다. 운동의 영역에서 통일운동은 물론 반전 · 반핵 · 군축 · 인권운동으로 크게 확대되었고, 국제적 시각과 연대도 갖게 되었고, 무엇보다 조직적인 기반을 다져나갔다.

1990년대 중후반부터는 단체명에 '평화'를 명시한 단체들도 많이 생겨나기 시작했다. 1990년대에는 평화와 통일을 여는 사람들(1994), 평화를 만드는 여성회(1997), 평화네트워크(1999), 평화인권연대(1999) 등이 발족되었고, 2000년대 들어서도 평화통일시민연대(2002), 비폭력 평화물결(2003), 참여연대 평화군축센터(2003) 등이 창립되었다. 또 기존의 많은 시민사회단체들과 종교단체들이 평화운동을 주요 활동으로 삼기 시작했다는 점도 특기할 만하다. 한국여성단체연합, 환경운동연합, 녹색연합, 민중연대(현 진보연대), 민주노총, 한국노총, YMCA, YWCA 등 많은 단체들이 '반전평화'를 주요 사업으로 삼으면서 평화운동의 확산과 대중화에 힘쓰기 시작했다. 아울러 양심에 따른 병역거부 및 이를 지원하는 단체들도 이 시기에 많이 생겨났다. 물론 냉전 해체기 들어 평화운동이 미리 조직화, 국제화, 다변화를 계획하고 활동을 전개한 것은 아니다. 그러나 국내외적인 환경 변화와 그동안 축적된 시민사회운동의 경험이 몇 가지 국내외 사건들과 결합해 위와 같은 발전된 양상을 만들어낸 것이다. 이런 성과는 새천년 들어 평화운동의 지평을 넓히는 토대로 작용하였다.

3) 새천년기: 활발해지는 평화운동

새천년 들어 한반도에 평화의 희망이 꽃피는 듯 했다. 2000년 분단 이후 최초로 남북 정상회담이 열리고, 북핵문제가 평화적인 해결의 길에 들어선 가운데 북미관계도 개선되어갔기 때문이다. 그러나 미국 내 정권교체와 9·11테러에 따른 반테러전쟁의 영향으로 한반도에도 불안한 징후가 나타나기 시작했다. 부시(George W. Bush) 행정부가 북한을 '악의 축'으로 간주하고 '선제 핵공격' 가능성을 열어놓자, 김정일 정권은 비핵화 협상을 중단하고 핵개발의 길로 들어서기 시작했다. 그 틈바구니에서 한국의 김대중, 노무현 정부는 북핵문제의 평화적 해결을 위한 대화 분위기를 형성하면서 남북관계와 한미관계를 조정하는데 총력을 기울였다. 한국이 반테러전의 일환으로 전개된 미국의 이라크 공격에 참여한 것도 북핵문제의 평화적 해결을 목표로 미국의 협조를 끌어내기 위한 고육지책이었다. 이때 한국 평화운동 진영은 북핵문제의 평화적 해결을 추구하면서도 미국의 이라크 침공과 한국군의 파병을 반대하는 운동을 전국적으로 조직해냈다. 2003년 시작된 6자회담은 그런 분위기에서 어렵게 만들어진 다자회담으로서 2005년에는 9·19 공동성명이 이루어져 한반도 비핵화와 평화체제 수립을 포괄적으로 추진한다는 밑그림이 나왔다.

그러나 9·19 공동성명의 잉크가 채 마르기도 전에 미국 내 강경세력, 소위 네오콘(Neo-Con)은 북한의 위조지폐 유통문제를 제기하며 대북 제재에 나섰다. 그러자 북한은 6자회담을 박차고 나가 2006년 10월 9일 1차 핵실험을 감행한다. 그런 상황에서 평화운동은 미국의 대북 선제 (핵)공격 독트린 중단과 대화를 통한 한반도 비핵화를 촉구하였다.

2008~2009년 서울과 워싱턴에서 정권이 교체되자 한국과 미국의 대북정책은 다시 흔들렸다. 이명박 정부는 "비핵·개방·3000"을 표방하

며 북한의 비핵화 후에 대화와 협력을 한다는 입장을 내세웠는데, 이는 앞선 노무현 정부의 대북정책과 남북간 합의를 전면 부정하는 것이었다. 여기에 2010년 3월 천안함 침몰 사건, 5·24 대북 전면 제재조치 발표, 11월 연평도 포격 사건이 발생해 남북관계는 극도로 악화되어갔다. 한편, 2009년 등장한 오바마 행정부는 북한에 '과감한 접근' 의향도 내비 쳤지만 한국의 대북정책을 고려하지 않을 수 없는 입장이었다. 결국 오바마 정부는 '전략적 인내'로 이름 붙이며 대북정책을 적극 추진하지 않았다. 이로써 북한은 시간과 명분을 활용해 핵개발의 길로 적극 나섰던 것이다. 그런 상황에서 평화운동 진영은 남한의 대북 강경정책을 비판하며 인도적 지원과 남북 민간교류 허용을 촉구하고 나섰다. 또 북핵문제가 대화 없이 악화일로를 치닫는 상황에서 남북대화는 물론 북미대화와 6자회담 등 협상을 촉구하는 한편, 선 북핵 포기가 아니라 비핵화와 평화체제를 일괄타결하는 포괄접근을 요구하였다. 평화운동 진영은 나아가 한반도 비핵화를 비핵지대화[5] 개념으로 이해하면서 그 영역으로 동북아로 확대하는 연대운동도 전개해나갔다.

세계화가 열어놓은 정보화, 개방화 물결은 민주화 이후 높아진 한국민들의 정치 참여 의지와 평화에 대한 열망과 만났다. 그 결과 한국 평화운동이 국내와 한반도에 머무르지 않고 세계평화 문제에 한국민들이 관심을 갖고 참여하는 움직임이 나타나기 시작하였다. 미국의 이라크 침공 반대, 세계 분쟁 및 빈곤국에 대한 인도적 및 개발 지원, 미군기지에서의 인권침해·환경오염 규탄 및 기지반환에 관한 국제연대가 확대되어 갔

---

5 비핵화가 해당 국가의 핵무기 생산 및 보유 금지와 생산된 핵무기 제거에 초점을 두는 데 비해, 비핵지대화는 일정한 지역 내 국가 간 조약에 의해 핵무기의 생산·보유 금지는 물론 외부 핵무력이 역내에 기동하는 것도 인정하지 않는 보다 넓고 높은 수준을 말한다.

다. 아래에서는 이 시기 평화운동을 7개 분야로 간략하게 소개하고자 한
다.

첫째, 한반도 비핵화와 평화체제 수립을 촉구하는 활동이다. 북한의
핵실험 이후, 아니 적어도 1990년대 초 소위 1차 북핵위기 이후 한국 평
화운동의 제일 과제는 북핵문제의 평화적 해결을 촉구하는 활동이었다.
우선 '평화적' 해결을 위한 활동에는 북한의 핵실험은 물론 미국의 대
북 군사공격 태세, 한미합동군사연습 등이 주로 언급되었다. 관련 행위
자들의 폭력적인 언동이 한반도 평화를 더 멀리 하고 긴장을 고조시킨다
는 상식적인 판단에 따른 것이다. 이에 따라 평화운동은 대화를 중단하
고 압박과 제재를 앞세워 대북 강경정책을 전개해온 이명박, 박근혜 정
부를 비판해왔다. 다른 한편, 평화운동은 대화와 협상, 역지사지(易地思
之)와 같이 북핵문제의 평화적 해결 방법과 자세를 촉구하는데 머무르
지 않고 구체적인 대안도 제시해왔다. 그것은 북한의 핵개발을 포기시키
고 비핵화를 달성하려면 북한의 이유있는 안보 우려를 해소해줄 합리적
방안을 말하는데, 북한의 핵포기에 상응하는 미국이 포함된 평화협정 체
결, 북한과 미국의 관계정상화, 미국의 대북 경제제재 중단 등이 제시되
었다. 문재인 정부 들어 북핵 포기와 평화체제의 일괄타결안이 한국정부
차원에서 거론되고 급기야 남북, 북미 정상회담에서 그런 논의가 일어난
것은 평화운동의 계속된 노력이 반영된 결과라 할 수 있다. 평화운동은
강경 일변도의 접근이 일방적이고 북한의 호응을 이끌어내기 어렵다고
보았다. 북한의 핵개발은 장기간의 정전체제와 미국의 대북 강경정책이
원인으로 작용했다는 것이다. 즉 북핵문제의 평화적 해결을 위한 노력은
한반도 비핵화와 평화체제를 함께 추진할 때 가능하다는 것이 평화운동
의 입장이다. 그 연장선상에서 한국 평화운동이 동북아 평화운동과 연대
해 역내 비핵지대화 수립을 촉구해오고 있다. 한반도의 안정적인 평화를

위한 국제연대운동은 새천년 들어 뚜렷하게 나타난 현상이다. 그 사례를 아래 두 가지 소개한다.

2015년 5월 세계 여성평화운동 지도자들이 평양에서 시작해 DMZ를 거쳐 남한으로 걸어온 WomenCrossDMZ 캠페인이었다. 노벨평화상 수상자 2명을 포함한 여성 평화운동 지도자 30여 명이 5월 24일 군사분계선을 지나 경의선 육로로 남한에 들어왔다. 이 활동은 60년여의 분단·정전 역사에서 세계 여성들이 한반도 평화를 위해 독자적으로 관여했다는 점에서, 그리고 대결과 타자화를 당연시 하는 군사주의 문화를 대화와 이해로 극복할 가능성을 여성주의 시각으로 제시했다는 점에서 한국과 세계 평화운동사에 기록될 만다. WomenCrossDMZ측은 이 행사를 통해 한반도 평화가 대단히 긴급한 사안임을 세계에 알리고, 한국과 세계 여성 평화운동가들과 조직의 결속을 높이고자 하였다. 이후에도 WomenCrossDMZ는 남한과 해외에서 토론회를 개최하며 한반도 상황을 모니터링하고 필요한 행동을 전개해오고 있다. 특히, 2018년 1월 밴쿠버에서 열린 여성포럼에 WomenCrossDMZ측 대표단이 참석해 북한과 미국의 갈등 중재, 한반도 평화를 위한 여성정치인의 역할 등을 촉구하기도 했다.

다른 한 사례는 한국기독교교회협의회(NCCK)가 세계교회와 협력하며 전개하는 '한반도 평화조약' 캠페인이다. 2013년 11월 초 부산에서 제10차 세계교회협의회(WCC) 총회가 열렸는데, 그 자리에서 '한반도 평화와 통일에 관한 선언'을 채택하였다. 선언에는 정전협정의 평화조약으로의 대체가 포함되어 있다. 이에 따라 NCCK는 기도회, 토론회, 행정청원 등의 활동을 전개하는 한편, 평화조약안을 만드는 연구활동도 벌여나갔다. 화해통일위원회가 초안을 만들어 2016년 4월 21일 64회기 2차 실행위원회에서 평화조약안이 채택되었다. 조약안은 전쟁 종료와 이행 조치, 경계선과 평화생태지대, 불가침과 관계정상화, 군비통제와 비핵지대화 등 7개장 16개조로 구성되어 있다. 제10조에는 "당사국들은 한(조선)반도에서 핵 무장을 비롯해 대량살상무기의 개발, 배치, 운영과 관련한 모든 군사적, 기술적 조치를 금지한다."고 밝히고 있다. 이후 NCCK는 3년 동안 미국, 유럽, 일본 등지를 순회하며 세계교회와 함께 평화조약 체결 캠페인을 전개하고 있다.

새천년 평화운동의 두번째 활동은 대북 인도적 지원, 남북민간교류 운동이다. 2007년 노무현 대통령 임기 말까지 활발하던 대북 지원 및 남북 교류운동은 2008년 이명박 정부 들어 축소하기 시작하였다. 이어 2010년 천안함 침몰 사건을 계기로 크게 줄어들었고 이후 박근혜 정부 전 기간에 걸쳐 지원과 교류가 거의 끊겼다(표 6-1). 이명박·박근혜 정부는 전임 정부 시기 북한에 지원한 식량이 군용으로 전용되었다면서 식량 지원을 사실상 중단하였고 민간교류도 규제해왔다. 특히, 북핵 위협을 이유로 2016년 초 개성공단을 폐쇄시키고 그에 앞선 2008년 7월 남한 관광객 피살사건으로 금강산 관광사업도 중단시켰다. 이런 사례는 북한에 대한 제재와 압박 일환으로 추진되었지만 정작 더 큰 피해를 본 건 남측 기업과 강원도 지역경제였고 한중 경제관계까지 악화되었다. 그런 기간에 평화·통일·인도주의 단체들은 정부 당국에 정치군사적 문제와 무관한 인도적 지원과 남북민간교류를 허용해달라고 했지만 거의 불허당했다. 이에 불복해 제3국을 통해 대북 인도적 지원에 나서거나 북측과 실무접촉을 벌인 단체 관계자들에게 과태료를 물거나 압박을 가하는 일까지 벌어졌다.

셋째, 평화운동은 법제도화 차원에서 평화주의를 명문화 하고 국민의 알 권리 증진을 위해서도 활동해왔다. 2000년대 들어 두드러진 활동이 바로 양심에 따른 병역 거부 및 대체복무 도입 운동이다(9장 참조).

표 6-1 연도별 인도적 대북지원 총액 (단위:억원)

구분	정부차원						민간차원 (무상) *한적 포함	합계
	무상지원				식량차관	계		
	당국차원	민간단체 기금지원	국제기구 등을 통한 지원	계				
1995	1,854	-	-	1,854	-	1,854	2	1,856
1996	-	-	24	24	-	24	12	37
1997	-	-	240	240	-	240	182	422
1998	-	-	154	154	-	154	275	429
1999	339	-	-	339	-	339	223	562
2000	944	34	-	977	1,057	2,034	386	2,421
2001	684	63	229	976	-	976	782	1,757
2002	832	65	243	1,140	1,510	2,650	578	3,228
2003	811	81	205	1,097	1,510	2,607	766	3,373
2004	949	102	262	1,314	1,359	2,673	1,558	4,231
2005	1,221	120	19	1,360	1,787	3,147	780	3,926
2006	2,000	133	139	2,273	-	2,273	709	2,982
2007	1,432	216	335	1,983	1,505	3,488	909	4,397
2008	-	241	197	438	-	438	726	1,164
2009	-	77	217	294	-	294	377	671
2010	183	21	-	204	-	204	201	405
2011	-	-	65	65	-	65	131	196
2012	-	-	23	23	-	23	118	141
2013	-	-	133	133	-	133	51	183[1)]
2014	-	-	141	141	-	141	54	195
2015	-	23	117[2)]	140	-	140	114	254
2016	-	1	1	2	-	2	28	30
2017	-	-	-	-	-	-	11	11

※ 반출기준(정부: 수송비 및 부대경비 포함, 민간: 수송비 및 부대경비 미포함)

※ 대북 인도적 지원은 1995년부터 시작

* 출처: 통일부 웹사이트(접근: 2018년 4월 3일)

문재인 정부 들어 개헌이 정치적 일정으로 부상하자 평화운동 진영은 이를 활용해 평화주의를 헌법에 제도화 하려는 노력을 벌였다. 평화운동은 청원을 통해 평화롭게 살 권리(평화권)와 국방·외교 정책의 민주적 통제를 위한 12가지 주요 개헌 방향을 제시했다. 그 내용에 평화적 통일 정책 추진 노력 강조, 평화주의 원리 강화, 안전권, 평화권, 망명권, 난민 보호 의무 신설, 평시 군사법원 폐지, 국가·공공단체의 불법 행위에 대한 배상청구권 강화, 군인 등의 국가배상청구권 인정, 기본권 제한 사유 축소, 양심에 따른 병역거부 및 대체복무제 허용, 국회 회의 비공개 사유 제한, 조약의 체결과 비준 등을 민주적으로 결정할 의무 명시, 대통령 긴급권 삭제 등이 포함되었다. 대통령이 발의한 개헌안에는 위 평화운동 진영이 제시한 내용 중 일부 —안전권 신설, 평시 군사법원 폐지 등— 를 제외하면 많은 부분이 포함되지 않았다.

해외 파병에 있어서도 평화운동측은 헌법과 국제연합 헌장에 입각한 평화주의적 역할로 한정할 것을 꾸준히 요구해왔다. 즉 파병은 국군에 부여된 헌법상 의무인 국토방위를 넘어서는 예외적인 사안이므로 국회 동의를 전제로 매우 신중하게 접근할 일이라는 입장이다. 한국은 1965년 베트남 전쟁 파병 이래, 특히 냉전 해체 이후 평화유지(peacekeeping)라는 명분으로 해외파병이 급격하게 늘어났다. 그러면서 국회 동의를 거쳤지만 침략전쟁에 파병하거나(베트남, 이라크 파병), 유엔 안보리 승인 없이 미국의 해외군사작전에 '연합군 평화유지군'으로 파병하는 경우(소말리아 파병), 나아가 정확한 실태 보고 없이 파병이 지속되는 경우(UAE 파병)마저 나타났다. 특히 아랍에미리트(UAE)와는 비밀 군사협정을 맺어 파병뿐 아니라 유사시 한국군 자동 군사개입까지 하기로 밀약한 사실이 김태영 전 국방부 장관에 의해 밝혀졌지만 정부는 UAE와의 외교관계와 국가이익을 이유로 밝히지 않고 있다. 평화운동 진영은 이런 사태는 헌법에 명시된 국회의 조약 체결·비준에 대한 동의권을 심각하게 훼손하는 행위이자, 국민의 생명권과 평화권을 무시한 직권 남용이라고 평가하고 있다. 그에 따라 UAE 군사협력과 핵발전소 수주 과정에 관한 모든 의혹에 대해 국정조사 실시를 포함하여 사실관계부터 명확히 밝히고, 책임자를 반드시 처벌해야 한다는 것이 평화운동측의 입장이다. 평화운동측은 이런 파병은 파병의 민주적 통제를 위한 평가체계를 확립하지 않았기 때문에 발생한 것이라고 보고 있다. 이들은 또 2010년 제정된「국제연합 평화유지활동 참여에 관한 법률」(PKO법)은 해외파병에 대한 국회의 사전 동의권을 훼손하고, 행정부에 과도한 재량을 부여해 해외파병에 대한 민주적 통제력을 약화하는 위헌적인 법률로 규정하고 법 개정을 주장하고 있다.[6]

넷째, 미국의 이라크 침공 및 파병 반대운동이다. 2002년 미국의 이라크 공격이 초읽기에 들어가자 전 세계적으로 반전운동이 도처에서 일어났다. 예를 들어 2월 15일 전 세계에서 대규모 반전 시위가 일어났는데, 세계 주요 도시에 총 1천만여 명의 시민들이 참가했다. 같은 날 서울에서도 참여연대가 주도하는 이라크 전쟁 반대시위가 3,000명이 참가한 가운데 있었다. 이들 시위는 '2·15 국제공동반전평화대행진'의 이름으로 동시에 전개되었다. '전쟁반대평화실현공동실천'은 4만여 명이 참여한 파병반대 서명용지를 국회에 제출하고 촛불시위를 진행했고 국회에서도 반전·평화의원 모임이 결성돼 기자회견에 나섰다. 그럼에도 4월 2일 제238회 국회본회의에서 정부의 이라크 파병 동의안이 통과되었다. 이어 전국 각계각층에서 전쟁중단, 파병반대를 외치는 캠페인이 일어났다. 2003년 가을 들어서 미국의 추가 파병 요청이 대규모 전투병이란 사실

---

6 서보혁, 『배반당한 평화: 한국의 베트남·이라크 파병과 그 이후』(진인진, 2017).

이 알려지면서 파병반대운동진영은 물론 국민들도 반대 여론이 높아졌다. 수많은 시민사회단체들이 이라크전투병파병반대비상시국회의를 개최했고 그 자리에서 이라크전투병파병반대국민행동을 결성했다. 이들은 "국민에게 드리는 글 – 이라크 전투병 파병을 막기 위한 비상국민행동을 호소합니다."라는 제하의 발족선언문을 통해 파병 국익론, 유엔 결의를 통한 파병론을 비판하며 미국의 추가 파병요구 자체가 "우리가 전투부대를 파병해서는 안 되는 이유를 가장 잘 드러내주고 있습니다."라고 주장했다. 이와 같은 이라크 파병반대운동은 한국의 파병 자체를 중단시키지는 못했지만, 정부가 비전투병을 안전한 곳에 파병해 재건지원 활동에 종사하고 한 명의 희생자도 없이 귀국할 수 있도록 하는데 건설적인 압박으로 작용했다. 또 이 운동은 한반도 평화와 세계평화 문제를 연관지어 인식하고 분단상황에도 불구하고 한국민들이 국제평화문제에 폭넓게 참여할 계기를 조성했다는 점에서도 의미가 크다.

다섯째, 평화운동은 비대칭적인 한미동맹관계의 민주화를 위해서도 활동을 벌이고 있다. 한미동맹관계는 한국전쟁을 계기로 형성 유지되고 있는 군사협력관계이다. 그런 군사동맹이 작전지휘체계, 군사독트린, 무기체계 등에서 대등하지 않은 모양새이다. 그런 가운데 한미동맹은 2000년대 들어서서 가치동맹, 경제동맹을 포함해 그 성격이 커지고 동맹의 적용 범위가 한반도에 국한되지 않고 지역과 세계로 확장되고 있다. 이에 대해 평화운동측은 전시 작전통제권 반환, 미국 편중의 무기도입 축소와 군축, 한미 군사회담 공개 등을 요구하며 소위 동맹의 '민주화'를 주장하고 있다.

지난 몇 년 동안에도 평화운동은 주한미군 탄저균 반입 진상규명과 생물무기 실험 중단 요구, 한미 SOFA 개정 및 주한미군 주둔경비 합리화, 전시 작전통제권 환수 및 한미연합사령부 해체 등을 주장하고 있다. 전

작권 및 연합사 문제와 관련해 평화운동측은 작전통제권을 조속히 환수하여 국방정책에서 주권을 확보하고 방어적 성격의 국방정책을 수립해야 한다고 주장한다. 또 전쟁 위험을 안고 있는 한국군의 북한 점령 혹은 안정화 임무는 배제해야 하고, 작전통제권 환수 이후 존재 의의를 상실하는 한미연합사를 해체해야 한다고 주장한다. 이런 주장은 북핵 능력의 고도화와 남북 대치상태의 지속 등을 고려할 때 급진적인 시각으로 비춰지기도 한다. 그럼에도 평화운동은 장기간 통념으로 간주되어온 한미동맹관계를 한국의 위상 증대와 평화주의 시각을 반영하여 합리적으로 재검토할 필요성을 제기한데 의미를 부여할 수 있다.

여섯째, 미군기지 건설 반대 및 반환 운동이다. 한국 평화운동의 특수성을 두 개를 꼽으라면 통일운동과 한미동맹 관련 대책활동일 것이다. 새천년 들어 한미동맹관계가 한반도를 넘어선다고 앞에서 언급했는데, 그 증좌가 강정 해군기지건설과 성주 사드(THAAD) 배치 결정이다. 평화운동측은 이 두 경우에 격렬하게 반대해왔는데 그것은 미국의 대중국 봉쇄정책에 한국민의 생명과 안전을 희생시키는 처사라고 보기 때문이다.

2015년 사전 준비조사 작업을 거치고 2016년 7월 한미 군당국은 경북 성주군 소성리 일대 롯데골프장을 사드배치 후보지로 발표하였다. 그러자 성주, 김천 주민들과 원불교측을 포함한 평화운동 진영은 대책위원회를 결성해 평화 · 생명 · 살림의 시각에서 즉각 반대의사를 표명했다. 성주와 김천의 주민들과 원불교도들은 더위와 혹한을 무릅쓰면서 서울과 현지를 오가며 한반도의 평화와 생존권을 지키기 위해 매일 촛불을 들어왔다. 그러나 문재인 정부는 두 차례에 걸쳐 지역주민들과 평화운동 인사들을 물리력으로 제압하고 사드의 성주 배치를 감행했다. 문재인 정부는 처음 취임 때와 달리 사드 배치가 북한의 핵미사일 위협에 대처하는 불가피한 조치라고 말했다. 그러자 평화운동측은 사드가 북한 핵미사

사진 6-4 사드 배치 반대운동은 지금도
계속되고 있다. ⓡ참여연대

일에 대한 대응용으로 작동하기 어려울 뿐만 아니라 중국의 반발 확대와 미국의 더 많은 무기구입 요구에 직면하게 될 것이라고 경고했다.

사드 배치에 앞서 제주 해군기지가 논란 속에서 완공되었다.

2007년 정부와 해군이 2014년까지 1조 300억 원을 투입해 45만 평방미터 규모의 기지 건설 계획을 내놓았고, 2015년 9월 16일 해군기지 부두가 준공되어 시험 입항식을 거행했고 2016년 2월 26일에 완공되었다. 정부는 이를 "민관복합항"이라고 이름 부르고 있지만 현재 여기에 민간항이 운용되는지는 확인되지 않고 있다. 평화운동측은 이를 해군기지로 보고 있다.

평화운동은 제주 해군기지 건설이 미국의 중국 봉쇄정책의 일환으로서 미중 간 군사충돌 시 제주가 전장화 될 우려를 제기하며 반대 입장을 취했다. 또 지역주민의 의사 수렴 없이 일방적인 기지건설 추진, 생태환경 보존 가치가 높은 해안 지역의 파괴 등의 측면에서도 반대 입장을 취했다. 무엇보다 이들은 민간 관광선과 군함이 동시에 접안하기 어려운 점을 지적하면서 정부와 해군이 국민을 속였다고 주장해왔다. 이런 심각한 입장 차이 속에서 강행된 해군기지 건설에 반대하는 사람들은 법적, 경제적 억압을 당해왔다고 평화운동측은 주장한다. 이들은 해군기지 건설 반대 활동으로 연행된 사람 700여 명, 그중 기소되어 재판을 받았거나 받고 있는 사람들 590여 명, 예상되는 총 벌금액 약 4억 원 규모라고 추산한 바 있다. 해군기지 완공 이후 해군은 공사 지연의 책임을 물어 강정마을 주민들과 활동가들에게 약 35억 원의 구상권을 청구하기도 했다(이는 문재인 정부 들어 취소되었다).

제주 해군기지 반대운동을 벌이는 평화운동측은 지금도 기지 운용에 관한 감시활동을 벌이고 있다. 이와 함께 평화운동측은 제주도 성산읍에 건설 예정인 제2공항이 공군기지로 이용될 것이라는 예상이 일어 지역주민들과 함께 반발하고 있다. 이것이 사실이라면 제주도는 일본의 태평양전쟁 시기 군사기지로 이용된 이후 또다시 강대국 간 갈등의 소용돌이에 빠져드는 셈이다. 제주 해군기지 건설반대운동 과정에서 일본, 미국 등 국제 평화운동의 관심과 연대가 일어난 점을 상기하며 국내 평화운동 진영은 제주도의 군사기지화 징후를 국제평화운동의 주요 이슈로 부각시킬 전망이다.

일곱째, 한국 평화운동이 국제 평화운동의 연장선상에서 국제협력을 전개하는 활동이 늘어난 점도 새천년 들어 두드러진 현상이다. 2017년 12월 핵무기폐기국제캠페인(ICAN)의 노벨평화상 수상을 계기로 한국 평화운동은 핵무기의 개발과 보유, 사용 등을 모두 금지하는 핵무기금지조약을 국제법으로 만드는 일에 참여하고 있다. 특히, 한국 평화운동은 이 조약의 국제법화 투표에 불참하고 사실상 보이콧(boycott)하고 있는 한국 정부에 국제사회의 평화적 노력과 헌신에 동참할 것을 요구하고 있다. 또 평화운동측은 시리아 민간인 학살 규탄 및 중단, 한국군의 베트남 민간인학살 관련 시민법정, 아시아태평양 군비경쟁 중단 및 군사기지 반환운동에도 참여하고 있다. 무장갈등방지 동북아연대(GPPAC-NEA) 차원에서 벌이고 있는 한반도-동북아 비핵지대화 캠페인도 한국 평화운동의 주요 사업으로 자리잡고 있다. 2018년 두 차례의 판문점 남북 정상회담으로 남북관계가 크게 열릴 경우 남한 평화운동진영이 북측과 손잡고 비핵화-평화체제를 논의할 날도 올 지 모른다.

이상 살펴본 것처럼 새천년 들어 한국의 평화운동은 ▶ 운동 범위에서 평화통일운동은 물론 평화주의의 법제화와 핵무기, 미군기지, 파병, 양심적병역거부 및 군인권운동 등으로 확대되어 갔고, ▶ 핵무기, 미군기지, 파병 등에서는 국제연대활동으로 발전했으며 ▶ 운동 방식에서 개인에서 조직, 특정 이슈에서는 수많은 시민단체들이 연대조직을 결성하는 등 새로운 양상을 보여주고 있다. 이라크 파병반대, 사드 배치 반대 및 제주 해군기지 반대운동이 그 좋은 예이다. 그러나 이들 이슈는 큰 사안이어서 평화운동이 단기적으로 승리하기 어려운 것도 사실이다. 한반도 비핵화와 평화체제 운동 역시 마찬가지다.

새천년 들어 한국 평화운동이 그 범위와 활동방식에서 활발해진 양상을 보인 것은 사실이지만, 한반도 안보 정세 → 국내정치 → 시민사회 → 평화운동의 순으로 미치는 영향으로 평화운동이 지속성을 갖고 발전해가지 못했다. 직접적으로는 정부의 대북정책과 사회 여론의 영향으로 평화운동은 활발하다가 위축되는 불안정성에서 벗어나지 못했다. 그것은 평화운동 내에서 볼 때 아직 대중적 지지 기반이 약하다는 것을 의미한다. 앞으로 평화운동은 장기적인 전략을 수립하고 일정한 원칙을 전제로 크게 세 차원에서 활동을 전개해 나가야 할 것이다. 한반도 차원에서는 평화정착과 평화통일 운동, 국내적 차원에서는 군사주의 철폐와 평화문화 확립 노력, 세계적 차원에서는 세계평화를 위협하는 사안들에 대한 공동 대처가 그것이다. 조직 측면에서는 정부와 적절한 관계를 설정하는 것과 대중의 지지를 확대하는 일이 과제로 다가온다. 장기 분단체제 하에서 군사주의 문화에 젖어있는 대중의 마음에 평화의 씨앗을 뿌리는 일은 평화운동의 일상이 되어야 할 것이다.

■ 토론 주제

1. 한국 평화운동사의 시기를 어떻게 구분할 것인지 말해보자.

2. 한국 평화운동사의 특징은 무엇이라고 할 수 있는지 나열해보자.

3. 한국 평화운동이 발전하기 위해서 무엇이 필요하다고 생각하는지 토론해보자.

3부
평화운동의 영역

▦ 7장

반전운동

1. 전쟁과 집단적 기억

전쟁은 가장 강렬하고 고통스런 집단 경험 중 하나다. 특별히 가까운 과거의 전쟁은 직접 전쟁을 경험한 개인에게는 물론 집단에게 중요한 역사적 사실로 기억된다. 전쟁을 기념하고 거기에서 역사적 교훈을 찾으려는 시도가 집단과 개인 차원에서 이뤄지고, 구체적인 경험을 강조하면서 전쟁을 개인과 집단의 결속력을 다지는 수단으로 이용하기도 한다. 한국전쟁도 이와 비슷한 역할을 하고 있다.

존 폴 레더락(John Paul Lederach)은 포괄적 평화세우기(peacebuilding) 접근에서 현재의 변화와 평화를 위해 다뤄야 하는 과거를 언급한다. 그는 갈등을 겪고 있거나 평화 성취의 과제를 안고 있는 사회는 네 단계의 과거를 가지고 있다고 말한다. 현재에서 가장 가까운 단계는 '최근의 사건(recent event)'이다. 이것은 현재의 불안하거나 대립적인 상황을 야기한 이유로 흔히 언급되는 정치적, 경제적, 사회적, 군사적 사건 등을 말한다. 최근의 사건이기 때문에 흔히 단기적 성찰과 시각이 반영된다. 다음 단계는 '생생한 역사(lived history)'로 이것은 각자가 경험하고 목격한 역사다. 때문에 세대에 따라 다를 수 있다. 나이 많은 세대의 생생한 역사는 수십 년까지 거슬러 올라가지만 상대적으로 젊은 세대의 살아 숨 쉬는 역사는 10년 미만의 것이 되기도 한다. 한 사회 또는 공동체의 생생한 역사는 그러므로 10년에서 수십 년이 될 수 있다. 세 번째 단계는 '기억된 역사(remembered history)'로 한 사회나 공동체에게 가장 중요하고 큰 영향을 미치는 역사다. 이것은 한 시점 또는 기간의 역사에서 사회나 공동체가 기억으로 선택해 인정한 것이다. 그러므로 집단의 정체성을 형성하는 데 기여하고 때로 "선택된 트라우마"가 되기도 한다. 특정 시간이나 기간에 입었던 심리적, 물리적 상처를 대변하고 대립했던 특정 집단에 대한 인상과 감정을 좌우하는 집단적 기억으로 자리 잡는다. 선택된 트라우마와 집단적 기억은 집단적 방어와 선제적 공격, 심지어 복수의 정당화까지 야기한다. 이것은 현재에 존재하면서 반복적으로 되살아나 폭력의 굴레를 벗어나기 힘들게 한다. 현재에서 가장 먼 네 번째 단계의 과거는 집단의 형성과 정체성에 대한 '이야기(narrative)'로 집단의 근원과 존재하는 공간에 대한 이해와 설명을 말한다.[1]

한국전쟁은 흥미롭게도 네 단계의 과거 전부와 관련돼 있다. 한국전쟁은 시간상으로 65년 이상 지난 과거지만 매년 기념된다. 나아가 전쟁의 결과인 남북 분단과 군사적 대결의 지속을 통해 한국사회에 영향을

---

1 존 폴 레더락 지음, 김가연 옮김, 『도덕적 상상력』(글항아리, 2016), pp. 280-296.

미치고 반복적으로 언급된다. 조금 오래된 최근의 사건처럼 취급되는 것이다. 동시에 한국전쟁은 생생한 역사이기도 하다. 전쟁을 직접 경험한 나이 든 세대는 물론이고 경험하지 않은 세대에게도 한국전쟁은 여전히 살아 숨 쉬고 현재의 정치적, 이념적 단절과 세대 간 갈등에 직접 영향을 미치는 생생한 역사다. 한국전쟁은 무엇보다 기억된 역사다. 한국인에게 선택된 트라우마이자 집단적 기억이 된 한국전쟁은 집단의 정체성을 형성하는 중요한 한 부분이다. 한국전쟁은 중요한 집단적 이야기기도 하다. 아주 오래 전 사건은 아니지만 길지 않은 역사를 가진 한국사회의 형성과 정체성에 지대한 영향을 미친 사건이자 집단이 존재하는 공간에 대한 가장 중요한 설명이 된다.

집단이 전쟁을 기억하는 방식에는 두 가지가 있다. 하나는 분노와 증오, 승리의 찬양, 지속적 대결 등을 강조하며 상대에 대한 복수 내지 응징을 다짐하는 것이다. 이런 기억은 전쟁 종식 후 최소한 전쟁 전으로의 복귀 또는 새로운 평화의 모색이 아니라 계속 전쟁을 복기하고 기억하면서 이길 수 있는 새로운 전쟁을 준비하는 데 기여한다. 다른 하나는 전쟁으로 인한 개인과 집단의 희생, 사회적 파괴, 관계의 단절을 기억하고 개인, 집단, 사회의 회복에 기여하는 것이다. 이런 기억은 전쟁의 폭력적, 파괴적인 면을 성찰하고 전쟁의 정당화를 거부하며 전쟁의 재개를 막기 위한 노력으로 이어진다. 평화운동과 평화연구는 이런 성찰과 기억에서 비롯됐다.

유감스럽게도 한국전쟁에 대한 집단적 기억은 전자에 아주 가깝다. 서울에 있는 전쟁기념관은 한국전쟁에 대한 집단적 기억의 표현이고, 전쟁에 역사적, 사회적 의미를 부여하려는 공식적이고 적극적인 시도다. 기념관은 한국전쟁으로 인한 희생과 파괴가 아니라 북한의 부당한 공격과 그에 대한 남한의 군사적 대응과 승리를 기억한다. 나아가 전쟁 준비와 전쟁의 정당성을 주장한다.

1950년 6월 25일 시작되고 1953년 7월 27일 정전협정으로 중단된 한국전쟁은 마치 최근의 사건처럼 기억되고 집단적 정체성의 핵심으로 자리 잡고 있다. 한국전쟁에 대한 집단적 기억의 핵심은 적대적 상대인 북한에 대한 증오와 분노다. 한국전쟁은 폭력과 희생을 야기하는 속성을 가진 일반적 '전쟁'이 아니라 피해자인 남한과 가해자인 북한, 다시 말해 선과 악의 대결로 기억된다. 이런 집단적 기억은 군사적 대결과 적대관계를 정당화하고, 희생을 야기할 수밖에 없는 전쟁의 거부가 아니라 과거의 보상과 안전의 확보를 위한 '불가피한 전쟁'에 대한 사회적 승인이 된다.

2. 반전운동의 시작

한국전쟁으로 인한 희생과 파괴가 지대했음에도 불구하고 전쟁에 반대하고 전쟁의 재발을 막으려는 반전운동은 한국사회에 오랫동안 등장하지 않았다. 유럽과 북미에서 1, 2차 세계대전을 겪으면서 전쟁 반대에 초점을 맞춘 평화운동이 확산되고 세계대전 이후 사회운동의 하나로 자리를 잡은 것과는 대조적이다. 거기에는 여러 가지 이유가 있을 것이다. 한국전쟁은 한국인들에게는 세계대전과 맞먹는 희생과 피해를 야기했지만 극심한 빈곤 때문에 전쟁 전에도 후에도 한국인들의 최대 관심사는 생존과 빈곤 탈출이었다. 그후 한국사회는 군사독재를 겪었고 사회운동은 독재 종식과 민주화, 그리고 노동과 인권 주제를 중심으로 형성됐다. 오랜 군사독재가 유지될 수 있었던 이유 중 하나는 한국전쟁에 대한 집단적 기억과 경험을 이용한 반공 이념 강화와 북한과의 군사적 대결이었다. 그럼에도 전쟁에 대한 비판적 성찰이나 평가를 할 만한 사회적 환경이 형성되지는 않았다. 물론 그런 주제에 관심을 가진 개인이나 집단도 거의 없었다. 남과 북의 단절과 지속적 대치, 그리고 정치적, 사회적, 경제적 불안과 미성숙 속에서 전쟁은 북한과의 전쟁을 의미했고 그것은 거부할 수 있는 것이 아니라 불가피한 경우엔 모두가 지지해야 하는 것으로 인식됐다.

한국사회에서 보편적 반전운동, 그러니까 세계 어느 곳에서든 어떤 전쟁도 일어나지 않아야 한다는 입장을 가지고 모든 형태의 전쟁에 반대하는 운동은 이라크 전쟁 반대 캠페인과 함께 등장했다. 그 이전에도 전쟁에 대해 토론하고 반전에 관심을 가진 소수의 개인과 집단이 있었을 수 있다. 예를 들어 진보적인 교회는 1980년대 중반에 이미 한반도에서의 전쟁 방지 입장을 내놓기도 했다. 그러나 그것은 통일운동과 관련된 것이었고 남북의 화해와 공존을 위해 전쟁 방지를 주장하는 차원에 머물러 있었다. 또한 교회 안에서조차 그런 주장을 지지하는 대중은 많지 않았고 다른 종교에서는 그런 담론조차 형성되지 않았다. 사회운동에서도 마찬가지였다. 그러므로 어떤 상황이나 조건을 막론하고 전쟁 그 자체에 반대하는 반전운동이 사회운동으로 모습을 드러내고 대중의 참여가 이뤄진 것은 이라크 전쟁 반대 캠페인이 처음이었다고 보는 것이 타당하다.

2001년 9·11 테러 이후 미국은 한 달이 채 지나지 않은 10월 7일 대테러 전쟁을 명분으로 아프가니스탄을 침공했다. 이어서 미국은 이라크를 공격할 명분을 쌓아갔고 전 세계에서 전쟁에 반대하는 캠페인이 일어났다. 2003년 2월 15일 주말 국제반전평화대행진에 맞춰 서울, 부산, 광주, 대구, 대전, 울산, 원주 등 전국 곳곳에서 반전 집회가 열렸다. 서울 집회에는 3천여 명이 참석했다. 오랜 역사를 가진 반미 정서도 한 몫을 했지만 이때의 다른 점은 한국과 직접 상관이 없지만 세계 어느 곳에서도 희생과 파괴를 가져오는 전쟁이 있어서는 안 된다고 주장하는 사람들이 한 목소리로 "전쟁 반대"를 외쳤다는 것이다. 집회는 '전쟁반대평화실현공동실천'이라는 단체에 의해 조직됐는데 여기에는 460여 개의 시민단체들과 6천 명 이상의 시민들이 참여했다. 세계 반전운동과의 연대 속에서 진행된 집회는 반인륜적이고 반인도적인 전쟁에 원칙적으로 반대했다. 반전 캠페인과 함께 전쟁을 막고 민간인을 보호하기 위해 이라크로 가는 활동가들도 등장했다. 한국의 이익이나 한국인과 상관없는 전쟁과 희생을 막기 위해 시민들이 적극적으로 나서고 위험을 무릅쓰고 현장으로 달려간 것은 당시엔 획기적인 일이었다.

이때 시작된 반전운동은 한국군 이라크파병 반대 캠페인으로 이어졌다. 2003년 3월 20일 이라크를 침공한 미국은 출범한 지 한 달도 채 안 된 참여정부에게 파병을 요청했다. 곧바로 막대한 희생을 야기하는 부당하고 명분 없는 전쟁에 한국군을 파병해서는 안 된다는 반대 캠페인이 벌어졌다. 정부는 시민들의 반대에 직면했지만 미국의 압력에 굴복해 4월에 소규모 비전투병을 파병했다. 미국은 같은 해 9월 추가 파병을 요청해 왔고 파병 반대, 전쟁 반대 캠페인은 더 강해졌다. 복잡한 정치적 상황도 있었지만 동시에 대대적인 파병 반대 캠페인이 일자 파병은 계속 미뤄졌다. 정부는 2004년 8월에야 전투에 참가하지 않고 후방에서 재건 임무에 주력한다는 조건을 달아 3천여 명의 전투병을 파병했다. 파병 반대와 전쟁 반대를 외치던 시민들과 시민단체들은 미국의 부당하고 명분 없는 전쟁에 동참한 정부를 강하게 비판했고 진보 성향 정부에 대한 지지를 철회하기도 했다.

파병 반대는 물론이고 이라크 전쟁 반대 운동도 오래된 반미 정서의 영향을 어느 정도 받았다고 볼 수 있다. 특히 2002년 6월 미군 장갑차에

치어 당시 열 네 살이었던 효순 미순 두 명의 학생이 사망한 이후 미군을 규탄하고 진상을 요구하는 집회가 계속됐다. 거기서 얻은 동력이 2003년 전쟁 반대 집회로 연결됐음은 쉽게 짐작할 수 있다. 그럼에도 불구하고 주목할 점은 이라크 전쟁 반대 캠페인이 반미가 아니라 전쟁 자체와 전쟁이 야기할 희생 및 파괴에 주목하고 있었다는 것이다. 전 세계에서 대대적으로 진행된 캠페인에 영향을 받은 것도 있겠지만 그것보다 이때 비로소 한국사회에 전쟁 반대를 표명하고 받아들일 수 정치적, 사회적, 문화적 환경이 조성됐다고 보는 것이 더 타당하다.

반전운동은 결과적으로 이라크 전쟁도 한국군 파병도 막지 못했다. 그러나 이를 계기로 한국에서도 보편적 반전운동이 사회운동의 하나로 등장해 대중의 관심과 지지를 받았다. 또한 반전과 평화를 운동의 주제로 삼는 평화운동 단체들이 등장하는 계기도 됐다.

3. 한반도 긴장과 전쟁 반대

반전운동이 사회운동의 한 영역으로 자리를 잡았지만 확산된 것은 아니다. 꾸준히 전쟁 반대 주제를 가지고 활동하며 관련된 한국사회 의제들을 개발하고 대중과 함께 하는 기회를 만드는 단체들과 활동가들이 있다는 수준 정도로 이해할 수 있다. 이런 상황은 한편으로 한반도의 특수한 환경과 반전운동의 역사가 짧은 이유가 있겠지만 다른 한편으로 반전운동이 대중에게 접근하기 힘든 이유도 있다. 흔히 전쟁이 없는 상황에서 전쟁을 상상하는 것은 불편하고 불필요한 일로 여겨진다. 국가가 안보와 방어라는 명분을 가지고 계속 전쟁 준비를 하고 국방비에 막대한 돈을 쏟아도 그것은 정상적인 국가 정책으로 여겨진다. 때문에 즉각적이고 직접적인 전쟁의 위험이 없는 상태에서 반전 주제를 가지고 대중과 지속적으로 교감하는 것은 세계 어느 곳에서도 쉽지 않은 일이다. 한국의 상황도 비슷하다.

2003~2004년의 대규모 반전 캠페인 이후 반전운동은 별로 존재감을 드러내지 못했고 전쟁 반대 캠페인도 없었다. 전쟁 반대가 다시 사회운동의 현안으로 떠오른 것은 2013년이었다. 2012년 4월과 12월에 북한은 두 차례 장거리 로켓 발사 실험을 했다. 유엔 안보리는 2012년 4월에는 이를 규탄하는 의장 성명을, 그리고 2013년 1월에는 대북 제재를 확대 강화하는 결의안을 채택했다. 북한은 아랑곳하지 않고 2013년 2월 12일 3차 핵실험을 강행했고 이어 유엔 안보리는 미국의 주도로 3월 7일 북한의 금융거래금지를 골자로 하는 결의안을 채택했다. 이에 반발해 북한은 정전협정 폐기와 남북불가침합의 전면 무효화를 선언했다. 미국은 장거리 폭격기인 B-52를 한반도에 전개했고 3월 11일부터 주한미군과 해외 미군이 참여하는 대규모의 키 리졸브(Key Resolve) 훈련을 실시했다. 키 리졸브 훈련은 한반도 유사시 신속한 해외 미군의 증원을 위한 것으로 대북 선제공격의 개념까지 포함하고 있다. 키 리졸브 훈련과 연계한 한국군의 독수리 훈련도 실시됐다. 한반도의 긴장을 높이는 무력시위였다. 북한은 북한군을 전투근무태세로 전환하고 남한과의 전쟁상태 진입을 선언하는 등 역시 무력시위로 대응했다. 북미 간, 그리고 남북 간 정치적, 군사적 대결과 긴장 속에서 전쟁을 우려하는 목소리가 높아졌다. 전 세계 언론도 연일 한반도 전쟁 위기를 전했다.

공공연하게 전쟁의 가능성이 언급되고 실제로 무력 대결의 강도가 높아지자 시민사회는 전쟁 반대와 전쟁을 부르는 대규모 군사훈련 중단을 요구하는 집회를 이어갔다. 시민단체, 종교단체, 노동자단체, 대학생단체 등 다양한 단체들이 집회를 열었다. 2003년의 이라크 전쟁 반대 캠페인 때와 비교하면 대중의 참여는 높지 않았다. 그러나 이때의 전쟁 반대 집회는 한반도에서의 전쟁 반대는 물론 전쟁을 야기할 수 있는 군사훈련 중단까지 강력히 주장했다는 점에서 의미가 있었다. 한국전쟁에 대한 집단적 기억과 북한에 대한 적대감으로 인해 남북 대립 및 군사적 대결과 관련해서는 대중의 시각이 유연하지 못했다. 특히 이때의 남북 및 북미의 군사적 대결이 북한의 핵무기 개발과 관련된 것이고 그에 대한 대중 및 국제사회의 비난이 높아진 상황이었다. 대부분의 사람들은 다른 나라의 전쟁은 반대하지만 남북 사이 군사적 대결은 불가피한 상황으로 인식하고 나아가 최악의 경우 전쟁도 가능하다고 생각하는 것처럼 보였다. 이런 상황에서 그동안 기피되거나 언급되지 않았던 한반도 전쟁 불가와 나아가 전쟁 연습 중단을 표면으로 끌어올린 것이 이때의 전쟁 반대 캠페인의 성과였다고 볼 수 있다.

6월 7일 북한이 남북고위급 회담을 제안하고 이것을 곧바로 남한이 받아들이면서 긴장은 일단 완화됐다. 북한은 이어서 6월 16일 북미 고위당국자 회담도 제안했다. 남북 고위급 회담은 대표자 지위에 대한 이견 조율의 실패로 열리지 못했고, 북미 고위당국자 회담도 미국의 불응으로 열리지 않았다. 그러나 이로 인해 한반도 전쟁 위기는 일단 사라졌다.

몇 년 후 또 다른 한반도 전쟁 위기 속에 전쟁 반대 캠페인이 진행됐다. 2016년 1월과 9월 북한은 4차, 5차 핵실험을 했고 여섯 차례 미사일 발사 시험을 했다. 강력한 제재로 입장을 정한 한국 정부와 국제사회는 지속적으로 강도를 높이는 대응을 했다. 이에 대해 북한도 강경 대응을 했고 군사적 긴장은 높아졌다. 2017년에도 상황은 변하지 않았다. 2017년 2월부터 북한은 미사일 실험을 계속했고 한 달에 2-4회의 발사 실험을 하기도 했다. 9월에는 6차 핵실험을 강행했고 2017년 한 해 동안 북한은 총 16차례의 미사일 발사 실험을 했다. 특히 북한의 핵무기와 미사

사진 7-1 2017년 북한과 미국 사이의 대결은 한반도 평화의 시급성을 일깨워주었다.
ⓡ트럼프 방한 즈음 시민평화행동

일 발사 실험이 미국을 겨냥한 것이었으므로 북미의 대결이 심해졌다. 북한과 미국은 강한 어조로 상호 공격과 위협을 가하고 전쟁의 가능성을 언급했다. 북미의 군사적 대결이 높아지는 가운데 미국은 한반도에서의 무력 시위로 대응했다. 한국 정부 또한 강경 대응으로 일관했다. 이로 인해 한반도 전쟁의 위기 또한 높아졌다. 한국사회는 물론 국제사회도 한반도에서의 전쟁 가능성을 부인하지 않는 상황이었다.

2017년 한국사회는 대통령 탄핵과 조기 대통령 선거를 거치면서 정치적 격동기를 겪었다. 동시에 북미 및 남북의 정치적, 군사적 대결이 높아지면서 그 어느 때보다도 전쟁의 위협을 느꼈다. 새로운 정권의 출범과 함께 정치는 점진적으로 안정됐지만 군사적 대결과 전쟁의 위협은 오히려 높아졌다. 2017년 후반기가 되면서 미국과 새 정부의 강경 기조를 비판하고 전쟁 반대를 외치는 목소리가 등장했다. 각자 목소리를 내던 시민단체들은 11월 초 미국 대통령 방한을 앞두고 전쟁 반대 집회를 열었다. "전쟁 반대, 평화협상"과 "Peace Not War"라는 구호를 가지고 열린 집회에는 다양한 시민들이 참여했다. 시민들은 한반도 상황의 특수성과 북한에 대한 분노와 비난을 앞세운 불가피한 전쟁 주장을 수용하지 않았다. 오히려 자신과 가족의 안전을 위해 전쟁이 아닌 평화를 선택해야 한다고 주장했다. 대규모 집회는 두 차례 정도에 그쳤지만 한반도 전쟁 반대에 대한 시민들의 인식과 입장은 높고 단호해졌음이 확인됐다. 높아졌던 긴장은 2017년 1월 평창동계올림픽을 앞두고 남북대화가 재개되고 북한이 올림픽에 참가하면서 누그러졌다.

4. 반전운동의 특징

한국사회의 반전운동은 다른 사회운동에 비해 존재감이 약하고 지속성 또한 없어 보이는 것이 사실이다. 반전운동의 존재를 명확하게 보여주는 전쟁 반대 캠페인은 세계적, 그리고 국내적으로 굵직한 현안이 있을 때 등장했다가 사라지는 경향을 보이기도 한다. 한반도는 전쟁의 위기가 사라져도 정전상태기 때문에 적어도 이론상 언제든지 전쟁이 재개될 기본조건을 갖추고 있으며, 세계 곳곳에서는 끊임없이 국가 및 무장세력 사이에 전쟁과 무력 충돌이 계속되는 상황에서 이런 현상은 좀 의아하기도 하다. 때문에 반전운동이 원칙적 전쟁 반대 기조를 유지하는지도 분명치 않은 것처럼 보인다. 이런 상황을 이해하기 위해서 반전운동의 몇 가지 특징을 정리해볼 필요가 있다.

한국사회의 반전운동이 가지고 있는 특징 중 첫 번째는 한시적, 일시적, 상황적 접근이 두드러져 보인다는 것이다. 앞서 살펴본 것처럼 국제사회의 공동 대응이 필요한 전 세계적 현안이 있을 때, 그리고 한반도 전쟁 위기가 높아질 때 전쟁 반대 캠페인이 등장하고 더불어 반전운동의 존재감도 확실히 드러난다. 이런 현상이 생기는 데는 두 가지 이유가 있다고 볼 수 있다. 하나는 대중의 지지와 참여를 끌어내는 전쟁 반대 캠페인은 주로 시민단체들의 연대로 이뤄지기 때문에 현안이 사라지거나 상황이 완화되면 전쟁 반대 캠페인도 종식되곤 한다. 물론 개별 단체 차원에서 일정 기간 지속되기도 하지만 그런 경우 상대적으로 대중이나 언론의 관심을 받지 못하게 돼 존재감이 드러나지 않는다. 다른 하나는 남북이 정전상태고 세계 곳곳에서 항상 전쟁이 진행되고 있지만 한국인들이 그것을 행동을 필요로 하는 심각한 문제로 여기지 않기 때문이다. 그러므로 전쟁 반대 캠페인은 국내, 외적으로 긴장이 최고조에 달하고 전쟁이 임박한 상황일 때만 나타나곤 한다. 미국이나 영국 등 군사 대국의 경우 그들이 개입하는 전쟁이 전 세계에서 항상 진행 중이고 그런 이유로 전쟁 반대 캠페인이 상시 진행되고 반전운동 또한 더 존재감을 드러내는 것과는 다른 상황이다. 그렇다고 반전운동을 하는 단체나 활동가들까지 한시적, 일시적으로 나타나는 것은 아니다. 대부분의 단체는 전쟁 반대 입장을 가지고 평화운동이나 다른 사회운동에 관여하고 현안이 있을 때 공동으로 전쟁 반대 캠페인을 조직하곤 한다.

두 번째 특징은 한반도 상황에 특별히 집중하는 경향을 보인다는 것이다. 한반도 상황에 대해서는 객관적 접근이 힘들고 최근까지 한반도에서의 전쟁을 반대하는 것은 오히려 대중의 지지를 받기 힘든 일이었다. 그러나 남북 평화에 대한 대중의 인식이 변화되고 다양한 형태의 평화운동이 확산되면서 모두의 안전을 위해 전쟁보다 평화를 택해야 한다는 인식이 높아졌다. 동시에 전쟁 그 자체의 반인도적, 반인권적 성격에 대한 인식도 점차 높아졌다. 때문에 이제는 민감할 수 있는 한반도 전쟁에 대한

반대도 어느 정도 대중의 지지를 받을 수 있게 되었다. 반전운동이 이렇게 한반도 현안에 집중하는 것은 자연스러운 일이라고 볼 수 있지만 다른 한편 바람직하지 않은 면도 있다. 반전운동이 세계 곳곳에서 진행되는 전쟁과 희생에 대해서는 목소리를 내지 않거나 상대적으로 무관심한 태도를 보이면서 그 결과 대중 교육에도 취약한 점을 드러낼 수밖에 없기 때문이다. 일부 평화운동 단체들만 극심한 인도적 재난을 야기하는 국외 전쟁에 대한 성명서 발표나 연대 집회, 한국산 무기수출 감시 등의 활동이나 한시적 캠페인을 하고 있다. 비판적으로 평가한다면 반전운동은 여전히 민족주의적 한계를 벗어나지 못하고 있다고 볼 수 있다.

세 번째 특징은 반전운동을 지지하고 전쟁 반대 캠페인에 참여하는 개인, 단체, 집단이 모든 전쟁에 절대적으로 반대하는 입장을 가지고 있지는 않다는 것이다. 이것은 특별히 반전운동이나 전쟁 반대 캠페인이 한반도 문제에 집중하기 때문에 나타나는 현상이기도 하다. 남북의 군사적 대결과 한반도 전쟁의 위기가 높아질 때 전쟁 반대를 주장하고 캠페인에 참여하는 개인과 시민단체는 전쟁이 모두의 안전을 위한 선택이 아님을 강조한다. 그러나 그것은 주어진 상황에서 최선의 선택을 주장하는 것에 더 가깝다. 남북 평화를 주장하거나 세계 곳곳의 전쟁에 우려를 표하는 종교단체들조차 모든 전쟁에 대한 반대를 원칙적 입장으로 표명하지 않고 있다. 때문에 전쟁 자체에 반대할 경우 군대, 군축, 국방비 감축 등의 문제에 관심을 가지고 상시적으로 대응해야 하지만 그렇지 않은 경우가 많다. 소수의 평화운동 단체들과 활동가들만이 모든 전쟁에 반대하는 입장을 가지고 있다. 이런 배경으로 인해 특별히 대중이 참여하는 전쟁 반대 캠페인은 여전히 세계적 상황에는 별 관심을 보이지 않고 있다.

한국사회에 반전운동만을 내세워 활동하는 개인이나 단체는 거의 없다. 앞서 언급한 것처럼 한반도가 상시적으로 전면전의 위협에 노출돼 있거나 한국군이 직접 개입하고 있는 국외 전쟁이 없기 때문일 것이다. 반전운동에 관계하는 대부분의 단체와 활동가들은 상시적으로는 직접적인 전쟁 반대보다 전쟁과 관련된 남북 평화협정 체결, 군축과 국방비 감시, 병역거부 문제 등을 다루고 있다. 최근 몇 년 동안에는 반전을 내세우지도 않고 반전운동 단체도 아니지만 전쟁이 야기한 비인도적, 비인권적 현안을 다루는 방식을 통해 전쟁의 문제를 고발하는 일도 이뤄지고 있다. 그중 가장 두드러진 것이 위안부 문제를 통한 전쟁 범죄의 고발과 베트남전 당시 한국군의 민간인 학살 및 성폭행의 진실 규명이다. 이런 일은 전쟁의 폭력성에 대한 대중의 이해를 높이는 데 기여하고 있다.

반전운동은 여전히 사회운동은 물론 평화운동 내에서조차 소수의 운동으로 존재하고 있다. 그럼에도 한반도가 정전상태로 있는 한, 그리고 전 세계적으로 전쟁이 계속되는 한 지속될 수밖에 없는 운동이다. 국내적으로는 북한의 핵무기 및 미사일 개발과 한국정부의 국방비 증액 및 무기 수입 증가로 남북의 무기 경쟁이 계속되고 있다. 다른 한편으로 한국은 무기산업을 육성함으로서 무기 수출국으로서 입지를 다지고 나아가 발전시키는 일을 계속하고 있다. 국외적으로는 국가 사이의 전쟁은 물론 정부와 무장세력 사이의 무력 충돌과 내전이 계속되고 있다. 이런 국내적, 국외적 상황은 반전운동이 다뤄야 할 주제가 전쟁 자체를 넘어 전쟁 준비에서 종식까지 다양함을 말해준다. 특별히 한반도의 경계를 넘어 세계 문제를 함께 다룸으로서 전쟁의 폭력성, 파괴, 그리고 희생에 대한 대중의 이해와 전쟁 반대에 대한 지지를 높이는 노력을 해야 함을 말해준다. 이런 노력은 결국 한반도 전쟁과 전쟁 준비에 대한 대중의 원칙적 반대를 끌어내는 데도 기여할 수 있다. 그런 면에서 반전운동은 전쟁의 예방과 중단에 초점을 맞춘 단기적 운동이 아니라 장기적인 평화 성취와 정착에 기여하는 평화운동의 중요한 영역이다.

■ 더 읽을 책

존 폴 레더락 지음, 김가연 옮김, 『도덕적 상상력』, 글항아리, 2016.

스베틀라나 알렉시예비치 지음, 박은정 옮김, 『전쟁은 여자의 얼굴을 하
지 않았다』, 문학동네, 2015.

■ 토론 주제

1. 한국전쟁과 관련한 개인 및 집단의 기억, 이야기, 상징 등이 한국사회
   에 미치는 영향에 대해 토론해 보자.

2. 전쟁을 반대한다면, 또는 전쟁이 불가피하다고 생각한다면 그 이유에
   대해 토론해보자.

8장

군축운동

1. 군축과 군축운동

군축, 군비통제, 군비제한 등 관련 용어들이 여럿 있다. 간단히 정리해보자. 군축(arms reduction)은 군비 감축의 줄임말로서 이미 존재하는 군사력(무기, 병력 등)을 양적으로 줄이는 것을 뜻한다. 그에 비해 군비제한은 군사력을 양적·질적으로 제한하는 것을 말한다. 무장해제(disarmament)는 군사력을 완전하게 해체시키는 것을 말하는데, 무장해제는 오늘날 군축과 동일한 의미로 쓰이기도 한다. 또 유사 개념으로 군사적 신뢰구축이 있는데 이는 상대방의 군사행동에 대한 예측가능성을 높여 전쟁위험을 줄이고 위기관리의 효과를 높이는 조치를 말한다. 이런 일련의 조치들을 군비통제(arms control)라고 말한다. 이와 달리 어떤 학자는 군비통제를 군사적 신뢰구축과 군축과 구별해 군비제한으로 한정하기도 한다. 이렇게 다양한 군비통제는 적대관계 혹은 라이벌 관계에 있는 국가들 사이에 신뢰가 조성되거나, 국제 안보질서에 대화의 기운이 일어날 때 추진 가능하다.

넓은 의미에서 군비통제는 크게 운용적 군비통제와 구조적 군비통제로 구성되는데, 운용적 통제는 군사력의 운용 및 배치에 관한 통제를 말한다. 군사정보 교환, 군사활동의 사전 통보 및 참관 등을 통해 군사활동의 투명성과 예측가능성을 높여 불신과 오판을 줄이는 효과를 기대할 수 있다. 구조적 군비통제는 군사력 규모와 관련 구조를 통제하는 것을 말하는데 군사력 동결, 증강 제한, 특정 무기 사용 제한 혹은 금지, 군사력 감축 등을 추진할 수 있다. 이와 같은 군비통제가 이루어지기 위해서는 잠재적 적대세력 사이에 군사적 측면만이 아니라, 정치, 경제, 사회, 문화 등 제반 측면에서 신뢰를 조성하는 노력이 있어야 하고, 남북한과 같이 전쟁을 겪고 장기간 적대관계를 지속하고 있는 경우에는 신뢰구축을 위한 신뢰구축을 추구할 정도로 조심스럽고 점진적인 노력이 필요하다.

평화군축운동은 군비통제보다는 무장해제 혹은 군축이란 용어를 더 선호한다. (여기서는 군축으로 통일함) 군축운동은 군사력의 완전한 해체와 군사력 증강에 투입된 비용을 복지로 전환할 것을 촉구한다. 그 사이에 군사력 증강, 적대국가간 대립과 군사적 긴장을 감시하고 실현가능한 군축 방안을 제시하기도 한다.

심각하고 장기화된 한반도의 군비경쟁 현실을 감안할 때 군축운동은 당면해서는 대량살상무기 도입 및 개발, 휴전선 일대 재래식 전력 증강, 핵개발 혹은 핵우산 등 군비 증강 움직임을 감시 비판하고 그런 움직임의 중단에 역점을 둔다. 그렇지만 같은 이유로 궁극적으로 군축운동은 남북간 다방면의 신뢰구축, 북한과 미국의 관계개선, 그리고 정전체제의 평화체제로의 전환과 북핵문제의 평화적 전환을 추구한다. 적대국들 사이의 정치적 화해와 관계정상화 없이 군축은 불가능하고, 화해를 이루어 실제 군축을 위한 환경을 닦아가야 하기 때문이다.

2. 남북한 군사력 평가

남북한은 전쟁 이후 군사적 대치 상태를 지속해오고 있는데, 비록 상대적이지만 오늘날 양적으로는 북한이, 질적으로는 남한이 우세하다고 평가되기도 한다. 국방부가 격년으로 발간하는 『2016년 국방백서』에 따르면, 북한은 병력 수와 전투기, 전차, 야포, 방사포, 그리고 전투함정 등에서 수적인 우세를 보이고 있다. 남한은 장갑차와 헬기에서 북한에 우위를 보이고 있지만 병력과 재래식 무기에서 열세를 보이고 있다. 그렇지만 군사력의 기초라 할 수 있는 경제력 면에서는 남한이 북한을 압도하고 있다. 한국의 국방비는 꾸준히 증가해 1980년 2조 2,465억원에서 2016년 38조 8,421억원으로 19배 이상 증가했는데, 2016년 기준 국방비는 국민총소득(GDP) 대비 2.40%, 정부재정 대비 13.9%를 차지하고 있다. 빈센트 브룩스(Vincent K. Brooks) 주한미군사령관은 2018년 2월 14일 미국 하원 군사위원회에 제출한 청문회 보고서에서 한국의 국방비 지출이 미국을 제외한 모든 북대서양조약기구(NATO) 회원국들의 GDP 대비 국방비 지출 비율보다 높다고 평가한 바 있다.[1] 2018년 국방비는 43조 1581억원으로 확정됐는데 이는 전년대비 7.0% 증가한 것으로 2009년 이후 최대 증가폭이다. 특히, 남북한 경제력 지표를 비교해보면 북한의

---

1 「연합뉴스」, 2018년 2월 20일.

양적 군사력 우위를 그대로 믿기 어려울 수도 있다. 통계청이 발표한 남북한 경제 통계 지표(2016년 기준)를 보면, 인구에서 시작해 국민총소득, 무역 총액 등에서는 남한이 북한에 수십 배의 우위를 보이고 있는데(그림 8-1), 이런 차이는 더 커질 것으로 전망되고 있다.

군축운동은 위와 같이 남북한의 중단 없는, 줄어들지 않는 군비경쟁

남·북한 주요 통계 지표

2016년 기준

	남한	북한	남/북(배)
인구 (만명)	5,125	2,490	2.1
국민총소득 (조원)	1,639	36	45.1
1인당 국민총소득(만원)	3,198	146	21.9
무역총액 (억달러)	9,016	65	138.1
수출 (억달러)	4,954	28	175.7
수입 (억달러)	4,062	37	109.5
조강생산량 (만t)	6,858	122	56.3
석탄 (만t)	173	3,106	1/18
발전설비용량 (만kW)	10,587	766	13.8
쌀 (만t)	420	222	1.9
수산물 (만t)	326	101	3.2
도로총연장 (만km)	10.9	2.6	4.2
이동전화 가입자 수(만명)	6,130	361	17

그림 8-1 남북 통계 지표.
출처: 「세계일보」, 2017년 12월 15일.

에 제동을 거는 일에 주력하고 있다. 전쟁 〉 적대관계 〉 군비경쟁 〉 일시적 대화로 약화되지 않는 적대의식 〉 충돌 〉 군비경쟁…. 상대가 공격해 올 것이라 예단하고 그로부터 방어하기 위해 군사력을 증강해야 한다는 논리를 남북한은 다같이 갖고 있다. 안보딜레마는 군비경쟁의 소용돌이를 무한정 불러일으킨다. 군축운동은 남한의 천문학적인 군사비 지출과 북한의 과도한 무기개발이 각자의 안보를 지키지 못할뿐더러, 한반도와 동아시아 평화를 훼손시키는 현실을 고발한다. 군비경쟁의 소용돌이를 지지 묵인하는 정치권과 여론에 이성을 촉구하기도 한다. 때로는 감성을 자극하기도 하면서 그런 노력을 중단하지 않는다.

그러나 남북한이 각각 질적·양적 우위를 보인다는 하나의 통념은 북한의 핵능력 고도화 조치로 무색해졌다. 6차례의 핵실험을 거쳐 북한은 미 본토까지 도달할 수 있는 장거리 탄도미사일을 개발했다. 2017년 11월 29일 '화성-15형' 탄도미사일 시험발사를 성공했다고 자평하는 김정은 북한 국무위원장은 당일 "핵무력 건설 완성"을 선언하였다. 북한은 미국의 동맹국인 남한과 일본은 물론 서태평양 일대의 미군기지와 하와이, 그리고 미 본토 대부분을 핵공격할 수 있는 태세를 갖춘 것이다. 그런 능력을 갖춘 상태에서 북한은 평창올림픽에 참여해 긴장완화를 시도한 후 미국과 모종의 협상을 추구할 것으로 전망된다. 북한은 대량살상무기 개발로 한반도와 동북아시아의 안정을 보장하고 있다고 강변하면서, 안보문제는 남북 간이 아니라 전쟁 이후 적대관계를 지속하고 있는 자신과 미국 사이의 일이라고 주장해왔다.

북한의 잇달은 핵·미사일 고도화 조치에 맞서 한국과 국제사회는 북한정권에 대한 제재 조치를 강력하고 광범위하게 전개하고 있다. 제재 대상이 북한정권의 핵·미사일 개발 관련 인사 및 기관은 물론, 그것과 직간접적으로 관련되는 거래 기업이나 인사도 포함된다. 2017년 김정은 정권이 빈번하게 핵·미사일 실험을 감행하면서 유엔 안전보장이사회와 미국은 북한주민의 생계와 관련된 교역 및 거래 품목에 대해서도 제재를 취하기 시작했다. 군수·민수용으로 다 쓸수 있는, 소위 이중용도 품목은 제재 대상에 다 걸려들었다. 북한이 평창올림픽에 참가하기로 결정하자 한국 정부가 북한측 선수단과 예술단·응원단을 지원하는 품목과 관련해 유엔 안보리 대북제재위원회와 미국측과 협의하는 일도 일어났다. 이렇게 되자 국제 인권 및 인도주의 전문가들이 대북 제재가 북한주민들의 생존권과 건강권을 침해하고 인도적 방면에서 교류협력을 방해할 수 있다고 걱정할 정도이다. 특히, 대북 제재를 주도하고 있는 미국은 북한과의 금융거래를 한 제3국의 기업과 그런 활동을 방치 묵인하는 정부에 대해서도 압력을 가하고 있다. 또 미국 트럼프 행정부는 대통령까지 나서 북한정권과 '말의 전쟁'에 뛰어들고, 평창올림픽 기간에 들어서는 북한을 선제공격하는 태세를 갖추고 그때를 기다리고 있다는 분석이 나올 정도로 호전적인 움직임을 내비치기도 했다. 그런 군사적 준비에는 지하화 되어 있는 북한 지도부 및 군 시설을 공격할 소형 핵무기 운용도 포함되어 있는 것으로 알려졌다. 북핵 포기를 주장하면서 핵공격을 추진하는 모순(矛盾)에 빠진 것이다. 안보딜레마의 필연적 결과이다. 이런 대결과 불신의 악순환 속에서 적대국의 수반이 얼굴을 마주해서 군축과 관계정상화를 얼마나 다룰 수 있을지는 미지수이다.

평화군축운동은 북한이 지속하고 있는 핵·미사일 고도화 조치를 비판하고 대량살상무기 개발이 북한 정권의 안전과 주민의 미래를 보장할 수 없음을 일관되게 주장한다. 동시에 군축운동은 미국 등 국제사회가 전개하는 대북 제재가 북한주민들의 생존과 그와 관련된 민수경제에 피해를 주어서는 안 된다고 주장한다. 인도적 지원과 인도적 문제 해결을 위한 교류협력은 제재국면에서도 지속해야 한다고도 주장한다. 나아가 군축운동은 미국이 한국전쟁부터 북한을 핵공격할 태세를 취해온 사실을 상기하며 미국이 북한에 구속력 있는 안전보장을 제시해야 북핵문제가 해결될 수 있을 것이라고 보고, 북한과 미국 사이의 대화를 촉구해왔다.

물론 모든 평화운동이 비핵화, 군축과 관련해 같은 목소리를 내는 것은 아니다. 일부는 한반도 비핵화, 당면해서는 북한의 핵포기를 위해 미국과 북한의 대타협을 촉구하기도 하고, 다른 일부는 현 상황에서 북한의 핵포기는 불가능하(거나 부적절하)기 때문에 평화협정 체결이 우선돼야 한다고 주장하기도 한다. 또 다른 일부는 북핵문제는 북한정권이 존속하는 한 해결 불가능하기 때문에 현 상태의 동결로 봉합하고 평화공존이 차선의 대안이라고 보기도 한다. 군축운동 내의 이런 입장 차이의 한 가운데에 북핵문제가 한반도 평화의 핵심인가가 자리하고 있다. 여기에 북한의 핵무력 건설 완성 선언에 즈음해서는 북핵문제 해결이 가능한가 하는 질문이 덧붙여져 있는 형국이다. 이런 형국에서 평화운동은 단기적으로는 관련국들의 대타협을 통한 한반도 비핵화-평화체제의 길을 지지하고, 장기적으로는 동북아 비핵지대화와 통일평화를 추구한다.

3. 정부의 입장과 군축운동

이렇게 볼 때 한반도 평화정착을 향한 군축은 ①재래식무기로 한정되지 않고 핵무기 등 대량살상무기를 포함하고, ②남북한 군축만이 아니라 미국 등 관련 강대국의 대한반도 안보전략도 논의에 포함하고, ③ 장기 분단, 북미 적대관계 등을 감안해 정치군사적 신뢰구축부터 전개해야 할 구조적인 성질임을 알 수 있다. 이런 점을 감안해 2005년 6자회담

3단계회의 결과로 발표된 9·19 공동성명은 한반도 비핵화, 북미·북일 관계정상화, 북한과의 경제협력, 한반도 평화체제 구축 등을 담았다. 이후 비핵화 프로세스가 일시 전개된 바 있다. 군축운동은 이 성명을 근거로 관련국들에게 공약 이행을 촉구하고 이를 위반하는 도발과 적대행위를 비판해왔다.

한국정부도 한반도 평화정착을 향한 군축이 위와 같은 성질임을 인식하고 '신한반도 평화 비전'을 발표한 바 있다. 2017년 7월 6일 문재인 대통령은 베를린에서 북한을 향해 신한반도 평화 비전을 제시하면서 "한반도 비핵화를 위한 결단만이 북한의 안전을 보장하는 길"이라고 말한 바 있다. 이어 문 대통령은 "북한 핵의 완전한 폐기와 평화체제 구축, 북한의 안보·경제적 우려 해소, 북미관계 및 북일관계 개선 등 한반도와 동북아의 현안을 포괄적으로 해결해 나가겠다."고 밝혔다. 2018년 2~3월 평창 동계올림픽과 패럴림픽에 북한이 참여하는 문제를 놓고 남북대화가 열렸다. 그 사이 한반도 정세가 완화되어 갔다. 한국정부는 남북대화가 미국과 북한 사이의 대화로 이어지게 하고 다양한 대화로 발전시켜 나가도록 해야만 북핵문제를 평화적으로 해결할 수 있고 한반도 평화와 번영이 지속할 수 있다고 판단하였다. 이는 한반도에서 군축은 관련국들 사이의 신뢰조성과 상호 이해관계에 대한 균형적인 접근이 중요함을 말해준다. 국내 평화군축운동 단체들은 평창올림픽 개최 하루 전에 발표한 공동성명에서 "우리는 북미 양측 모두 한반도 긴장을 완화할 수 있는 이번 기회를 놓치지 않기를 기대한다. 한국 정부 역시 북미 대화를 적극적으로 중재하여 이번 올림픽이 한반도 평화의 첫걸음이 되도록 해야 한다."고 촉구했다.[2]

---

2 「시민평화포럼, 참여연대 외 13개 시민단체」, "평창올림픽을 계기로 시작된 남북대

2018년 판문점을 거쳐 싱가포르로 세계의 이목이 쏠렸지만 정작 평화 군축운동은 향후 본격적으로 전개되어 갈 것이다. 장기 대결상태에 있던 국가간 합의는 깨어지기 쉽고 배신의 유혹이 크기 때문에 평화운동의 역할은 더 커질 것이다.

4. 안보 여론과 군축운동

그러나 핵무력 완성을 선언한 이후 평창올림픽에 참가한 북한의 행보를 보는 국내 여론은 곱지 않다. 북한에 대한 인식은 꾸준히 악화되었다. 서울대학교 통일평화연구원이 2007년부터 한국갤럽에 의뢰해 수행하고 있는 '통일의식조사'(2017년 기준)에서 북한에 대한 인식은 협력대상 41.9%, 경계대상 22.6%, 적대대상 16.2%, 지원대상 13.0%, 경쟁대상 6.2%로 각각 나타났다. 이 응답은 2007년 응답보다 협력대상은 14.7%, 지원대상은 7.2% 각각 하락한 반면, 경계대상은 10.8%, 경쟁대상은 2.9%, 적대대상은 9.6% 각각 상승한 것이다.[3] 또 통일의 필요성에 대한 응답도 2007년 63.8%에서 2017년은 53.8%로 줄어들었다. 북한에 대한 인식 악화와 통일 지지도 하락이 함께 일어난 것이다. 이런 국민들의 북한 인식 변화에는 분명 북한에서 세습, 인권침해, 그리고 핵·미사일 개발이 영향을 미쳤다고 보기에 충분하다. (물론 이런 여론 결과는

화, 북미대화 재개로 이어져야 한다." 2018년 2월 8일.

3 2017년의 설문조사는 7월 3~28일 전국 16개 시도 만19세 이상 74세 이하 성인 남녀 1,200명(유효표본)을 대상으로 1:1 개별면접조사를 통해 실시했는데 표본오차는 ±2.8%(95% 신뢰수준), 유효표본 수, 조사방법, 표본오차 크기 등은 2007년부터 같은 수준을 유지하고 있다.

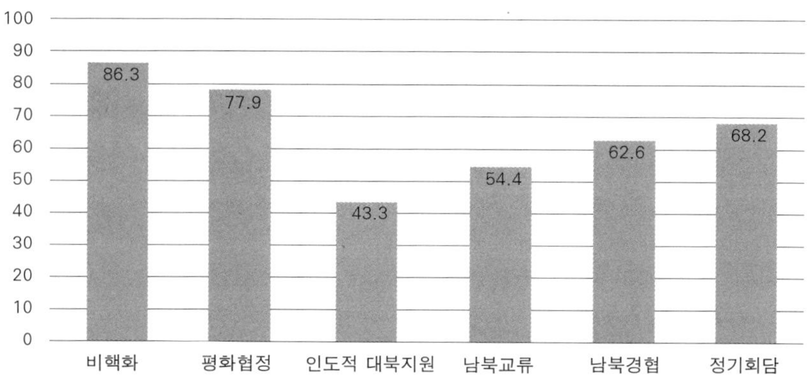

그림 8-2 대북 사안별 시급성(2017)

출처: 천자현, "통일의식조사-대북정책," 서울대학교 통일평화 연구원, 2017 통일의식조사 결과 발표 자료집, 2017년 9월 27일.

2018년 북한의 평창올림픽 참가, 남북 정상회담 등으로 완화됐을 것이다.)

특히, 북한의 핵·미사일 능력 고도화 조치가 국민들의 대북관, 통일관에 비친 영향은 크다. 위 2017년 서울대 통일의식조사에서 시급한 대북정책으로 비핵화와 평화협정이 최우선 과제로 꼽혔다(**그림 8-2**). 통일보다 평화가 우선이라는 반응이다. 평화군축운동의 절박함을 확인할 수 있다. 이런 응답은 2018년 1월 민족화해범국민협의회가 한국리서치에 의뢰한 설문조사 결과에서도 나타났다. '통일을 하지 않거나 미루더라도 평화를 유지하는 것이 좋다'는 응답이 88.2%로 나타났다. 이와 함께 '통일을 가급적 빨리해야 한다'(26.7%)는 응답보다 서두를 필요가 없다(58.5%)는 응답이 더 많았다.[4] 그러나 평화를 지지하는 국민들의 인식은 그 방법론에서 단일하게 나타나지 않았다. 비핵화, 평화협정에 대한 지

---

4 이 조사는 전국 만19세 이상의 남녀 800명을 상대로 2018년 1월 23일 유뮤선 전화 RDD(유선 13.5%, 무선 86.5%)를 이용한 전화면접조사(CATI) 방식을 통해 이뤄졌다. 응답자는 성별·연령별·지역별로 비례 할당한 뒤 무작위 추출했으며 신뢰도는 95%, 오차 범위는 ±3.5%포인트다.

지도 높았지만 한국의 핵무장에 대해서도 지지가 높았다. 위 2017년 서울대 '통일의식조사'에서 한국 핵무장 주장에 대한 견해에 대한 응답 중 찬성이 49.6%로 나타나 보통(30.9%), 반대(19.5%)보다 높게 나타났다. 이런 핵무장 지지 여론은 2014~2015년 때의 55%보다는 낮아진 것이지만 북한의 잇달은 도발로 지지 여론이 반대 여론보다 계속 높게 나타났다. 핵무장론은 북한 혐오를 바탕으로 하고 있고 '눈에는 눈, 이에는 이'라는 공격적 상호주의론에 근거하고 있다.

북한 혐오의식은 반북반공이데올로기에 근거하고 있는데 북한 선수단 및 예술단의 평창올림픽 참가 반대, 북한 선수단 경기장 및 예술단 행사장 앞에서 인공기 소각, 남북 단일팀 또는 북한 선수응원단에 대한 인신공격 등과 같이 과격한 행동을 보이기도 했다. 반북반공이데올로기는 전쟁과 분단으로 인해 한국사회에 존재하는 의식의 한 흐름이다. 그럼에도 정치세력이 이를 이용해 갈등과 대결을 조장해 정략적 이익을 추구하는 경우가 많았다. 군부권위주의 정권 시기는 말할 것도 없고 2000년대 이후에도 시민단체의 자유로운 의사표현은 억제되었다. 심지어는 세월호 진상규명을 요구하는 피해 유가족들과 국민들의 합법적인 의사표현도 수구 성향의 정치세력은 친북, 종북이라는 딱지를 붙이고 억압하였다. 민주주의와 인권이 안보 프레임으로 왜곡 부정당하는 안보화(securitization) 현상이 끊이지 않았다. 일단의 연구자들은 이런 현상이 분단체제와 깊은 연관성 있다는 점에 주목해 '분단폭력'이라고 이름 붙인 바 있다. 평화군축운동은 이렇게 안보문제를 악용해 민주주의와 인권을 억압하는 행태를 비판하는 한편, 적대와 대결의식 대신 포용과 화해의식을 함양하도록 힘쓴다.

군축운동은 이와 같이 평화를 달성하려는 방법을 두고 갈려있는 여론을 직시하는 데서 출발해야 한다. 평화협정, 비핵화가 관련국들 사이의

사진 8-1 무기 전시회를 규탄하는 평화운동가들 ⓡADEX 저항행동

합의이고 군축운동에서도 지지한 대안이기에 이를 달성하기 위한 환경 조성이 일차적인 과제이다. 그동안 특히 남북, 북미관계가 악화되어 있는 상태에서 군축운동은 관련국 정부에 9·19 공동성명, 남북 정상회담 합의 등 기존 합의 이행을 통한 평화정착을 촉구해왔다. 대신 핵무장론에 대해서는 그것이 결과적으로 북한의 핵무장을 용인하고 한반도 긴장을 격화시킬 것이라며 반대 입장을 분명히 하였다. 북한에 대한 다양한 인식에 있어서 군축운동은 북한의 도발과 합의 위반 등을 비판하는 한편, 관련국들 모두 합의 이행에 나서 북한의 도발 명분을 주지 말도록 촉구해왔다. 무엇보다 군축운동은 한반도 비핵화와 평화체제 수립을 병행시켜 나가는 것을 기본입장으로 취하면서 대화와 협상, 대북 제재와 압박 중단, 휴전선 일대 군사력 후방이동 및 상호 비방 중단 등을 주장해왔다.

5. 군축운동의 과제

이밖에도 평화군축운동은 대규모 첨단무기 도입, 강정·성주 등지에 해군, 미사일요격 기지 건설 등에 반대하는 활동을 국내외적으로 전개해왔다. 또 국내 군축운동단체들은 세계적인 차원의 군축활동에도 참여하고 있다. 2017년 핵무기폐기국제캠페인(ICAN)가 노벨평화상을 수상한 계기가 된 핵무기폐기국제조약 제정 캠페인도 그런 예의 하나이다. 미국의 미사일방어망 폐기, 대인지뢰금지조약 제정, 민간인 살상을 초래하는 집속탄·벙커버스터·소형핵무기 생산 및 사용 중단, 핵무기 감축 및 폐기 등 다양한 국제군축운동에 동참하고 있다. 앞으로도 국내 평화군축운동은 이런 국제 군축운동 차원에서 타 단체들과 협력해나가야 할 것이다. 평화군축이 그 속성상 국제적, 세계적인 이슈이기 때문이다. 분단 극복과 평화체제 수립도 국제협력 없이는 불가능할 것이다.

그럼에도 국내 평화군축운동은 고유하게 안고 가야 할 과제가 있다. 이 장에서 살펴본 다양한 군축운동은 한반도 안보 실태와 국내 정치상황 및 여론과 깊이 관련되어 있다. 국내 평화군축운동은 그 현실을 직시한 가운데 추구하는 바를 정치권과 여론에 설득력 있게 제시할 때 군축의 길을 열어갈 수 있다.

국내 평화군축운동의 궁극적인 목표는 한반도 비핵화와 평화체제를 수립해 지속가능한 평화를 만드는 것이다. 이를 위한 당면 목표로 남북한과 미국 사이의 적대행위 중단과 신뢰구축이다. 그 방법으로 대화와 협상 재개, 제재와 압박 완화, 인도적 지원과 교류 실시, 군사훈련 축소 및 사전 통보 등을 꼽을 수 있다. 군축운동은 이와 관련된 상황을 감시 평가하고, 언론과 국민들에게 객관적인 정보를 제공해 평화여론을 조성하고, 정부와 정치권에 평화지향적인 정책대안을 제시해나가야 할 것이다.

　다른 한편, 군축운동은 국민들이 평화의식을 갖고 사회가 평화문화를 형성 영위하도록 평화교육을 활발하게 전개해나가야 할 것이다. 오랜 분단 정전체제와 권위주의 문화 하에서 한국사회는 통일의식은 높아도 평화의식은 낮은 편이다. 평화문화가 낮은 것도 마찬가지다. 통일교육, 안보교육은 있어도 평화교육은 이제 걸음마단계이다. 의식, 문화, 교육에 걸쳐 평화는 나와 이웃, 사회의 상호 존중과 이해를 전제로 한다. 공감과 배려를 습관화 하지 않으면 사회와 국가, 세계의 평화는 물론 나와 가족의 화평도 어렵다. 군비경쟁은 상대를 부정하고 적대시 하는 죽임의 마음이 세계로 확산될 결과이다. 군축운동은 죽임의 문화를 살림의 문화로 바꾸는 의식운동이자 정치운동이다. 그 목표는 개인과 사회가 평화의식을 받아들이고 평화문화를 꽃피울 때 가능하다. 말하자면 군축운동은 군사력을 줄이는 일뿐 아니라 군비증강으로 안전할 수 있다는 마음을 바꾸는 노력도 감당한다.

■ 더 읽을 책

김병로 · 서보혁, 『분단폭력: 한반도 군사화에 관한 평화학적 성찰』, 아
　카넷, 2016.

2010 평화백서 편집위원회, 『2010 평화백서』, 검둥소, 2010.

■ 토론 주제

1. 군비통제 관련 용어들을 꺼내놓고 서로 비교해보자.

2. 남북한 군사력을 비교 평가해보고, 한반도 평화를 남북한 군사력만으
　로 논의하는 것이 타당한지도 토론해보자.

3. 군축운동이 하는 일을 생각해보고, 특히 한반도 상황에 중요한 군축
　운동은 무엇인지 말해보자.

■ 9장

징병제 폐지 운동

　헌법에 의해 대한민국 모든 남성은 병역의 의무를 진다. 한국은 분단 이후 북한과의 군사적 대치 상황으로 인해 병력, 좀 더 구체적으로 사병(士兵)을 징병제로 충원한다. 한국 남성들은 모병제를 시행하는 나라를 부러워한다. 그리고 가능하면 군대를 가지 않을 방법을 백방으로 강구하기도 하고, 편법·불법을 써서라도 군대를 가지 않는 이들도 없지 않았다. 그 사이에 '방위'나 공익근무요원으로 병역 의무를 다하는 경우도 있었다. 그런 가운데서 징병제가 국민의 자유를 억압하고 전쟁을 정당화한다며 근본적인 문제를 제기하며 병역을 거부하는 사람들도 생겨났다. 분단과 권위주의 통치 하에 있던 한국에서도 징병제 폐지 운동이 있었던 것이다. 적어도 1970년대 후반부터 있었던 것으로 알려지고 있다.

1. 징병제 폐지 운동 약사

물론 징병제 폐지 운동은 한국에서만, 그리고 현대에 들어서 일어난 것은 아니다. 전하는 바에 따르면 로마에서도 탈영자와 병역 기피자가 있었다. 그러나 징병제 폐지 운동이 역사에 나타난 것은 인류가 최대의 전쟁 참상을 처음으로 겪을 때까지 기다려야 했다.

1, 2차 세계대전에 참여한 나라에서 전쟁에 반대하거나 전쟁 중 탈영하는 방식으로 징병제 폐지 운동이 일어났다. 유럽에서 '1차' 세계대전은 사람들에게 큰 충격을 안겨주었다. 인류의 삶을 윤택하게 해줄 것으로 믿었던 과학기술로 대량살상무기를 만들어 인간들끼리 수백만 명을 죽고 죽이는 일이 벌어진 것이다. 도덕적 이유는 물론 과학적, 실용적 이유로도 전쟁을 지지할 수 없다는 인식이 일어났다. 전쟁 재발을 막으려면 (대량살상)무기 개발을 반대할 뿐만 아니라 전쟁을 제도적으로 인정하는 징병제를 반대해야 한다고 생각한 사람들이 평화운동을 불러일으켰다. 가령, 1차 세계대전의 참상을 목도한 후 아더 폰손비(Arthur Ponsonby)는 세계 각국 정부가 전쟁 준비를 위해 군인모집에 반대하는 맹세에 서명할 것을 촉구한 저 유명한 '평화편지 캠페인'을 벌여 12만 8천 명의 서명을 받은 서한을 영국 정부에 전달하기도 하였다. 이런 운동은 이후 군비감축운동, 국제기구 설립 운동으로 발전하였다.

또 병역 거부운동이 대규모로 일어난 곳은 1960년대 말~1970년대 전반기 베트남 전쟁 반대 물결이 거셌던 미국이었다. 미국 청년들이 베트남 전쟁 참여를 거부했던 것은 몇 가지 이유들이 있었기 때문이다. 우선 미국의 베트남전 개입 자체가 거짓 정보와 미국의 국익이란 이름으로 감행된 '더러운 전쟁'이라는 인식이 널리 퍼져 나갔다. 그리고 1960년대 유럽에서 시작된 반지성주의, 자유화 운동이 미국에 상륙해 미국 청년들이 정치권을 비롯한 기성세대의 거의 모든 시각을 거부하는 사고에 불을 붙였다. 그리고 베트남전 반대 및 징병 거부운동은 반전평화와 제3세계 해방이라는 명분과 결합돼 닉슨 행정부의 베트남 철수 결정을 이끌어내는데도 한몫했다. 데이브드 코트라이트(David Cortright)는 2008년 출간한 책『평화, 운동과 이념의 역사(*Peace: A History of Movements and Ideas*)』에서 베트남 전쟁 기간 중 징집될 수 있는 미국 청년들 27백만 명 중 1/2이상이 입대를 거부하거나 면제받거나 연기하는 방식으로 군에 가지 않았다고 했는데 그 규모와 열기를 알 수 있다. 병역을 면한 방법은 취업, 학업 연장(대학원 입학 등), 결혼, 조기 출산, 의도적으로 장애 사유 만들기, 그리고 망명 등 실로 다양했다. 이들 중에는 베트남 학생들과 연대해 베트남 전쟁 반대, 미군의 베트남 철수, 평화협정 체결 등을 요구하며 반전평화운동을 벌인 사람들도 있다[1](반전운동과 관계없지만, 한국에서도 과거 군에 가지 않으려고 총을 쏘는 검지를 자르거나 시력을 악화시키려고 촛불을 보며 여러 밤을 보내는 청년들이 있었다).

병역거부 운동은 베트남전 참전 반대운동의 하나로 전개되었으나 그 모두가 징병제 폐지 운동은 아니었다. 그렇지만 관련 저술들을 살펴보면 미국에서 본격적인 징병제 폐지 운동이 베트남전 반대운동의 물결 속에서 일어난 것은 사실이다. 특히, 1967~1968년에 조직적인 징병제 폐지 운동이 뚜렷한 증가세를 보였고 그 이후에는 개인적인 차원으로 이어졌다. 당시 닉슨 행정부는 징병 거부자들의 수가 너무 많아 그에 대응하는 데 곤혹을 치를 정도였다. 사법처리를 하기도 했지만 57만 명에 달하는

1　베트남 반전운동에 참여한 사람들이 쓴 다음 책을 추천한다. Karin Aguilar-San Juan and Frank Joyce (eds.), *The People Make the Peace: Lessons from the Vietnam Antiwar Movement*(Just World Books, 2015).

병역거부자들을 모두 처벌하지 못했다. 그 중 6만 명에서 10만 명 정도
는 캐나다와 스웨덴 등지로 넘어가기도 했다.

2. 양심적 병역거부의 유형

징병제 폐지 운동은 사람을 죽이는 일을 합법적으로 지속하는 제도에
모든 사람들이 반대하면 전쟁이 사라지고 영구적인 평화가 도래할 것이
라는 생각을 바탕으로 하고 있다. 물론 그런 생각의 초점은 1차 세계대
전 후에 나타난 징병제 폐지 운동에서 보듯이 도덕, 종교, 과학, 실익 등
다양한 측면에서 나타났다. 그것은 징병제 폐지 운동의 다양한 유형을
이해하는데 도움을 준다.

전쟁을 없애려면 그에 관여하는 사회제도인 징병제도를 폐지해야 하
는데 그것이 좀처럼 쉽지 않다. 그래서 평화운동이 그 차선으로 고안해
낸 것이 '양심적 병역거부(conscientious objection)' 운동이다. 이론상 병
역의 의무를 따라야 하는 모든 사람들이 살인에 반대하는 양심의 호소에
따라 병역을 거부하면 징병제도가 무너지고, 그러면 전쟁도 사라질 것이
다. 평화운동 중에서는 그런 희망을 품고 양심적 병역거부운동을 벌이
는 사람들도 있지만, 징병제와 군비증강을 일삼는 국가권력과 관료집단
을 비판하고 사회에 경종을 울리는 뜻으로 이 운동을 지지 · 동참하는 이
들도 적지 않다. 그럼에도 양심적 병역거부운동은 종교적 신념이든 윤리
적 판단에서든 병역의 짐을 저야하는 당사자 개개인의 결단에 의해 이루
어진다는 점은 조직적인 징병제 폐지운동과 차이나는 대목이다. 물론 모
든 양심적 병역거부자들이 개인적 판단에 따르는 것은 아니다. 일부 종
교단체의 경우 집단적 차원에서 병역거부를 하고 있다. 양심적 거부운동

이 궁극적으로 전쟁 없는 세상을 추구한다는 점에서 둘은 하나의 평화운동임에 틀림없다.

양심적 병역거부운동은 다양한 형태로 나타나고 있다. 강인철은 "한국 사회와 양심적 병역거부(2005)"라는 논문에서 아래와 같이 몇 가지 방식으로 양심적 병역거부를 유형화 한 바 있다. 양심적 병역거부는 크게 세 유형들로 나타나고 있다. 하나는 '절대적인 양심적 거부로서 이것은 모든 형태의 병역과 전쟁을 반대하는 입장으로서 가장 근본적인 태도이다. 둘째는 선택적인 양심적 거부인데 이 경우는 특정한 전쟁, 예컨대 핵 · 생물학 · 화학무기 등 대량살상무기를 사용하는 전쟁을 거부하는 입장이다. 세 번째는 군복무 중 양심적 거부인데, 여기에 해당하는 사람은 입대 전에 양심적 거부자임을 주장하면서 군복무 중에 양심에 따른 병역거부 의사를 밝힌다. 이 경우 당사자는 군재판에 회부되어 징역을 살거나 아니면 조기 제대해 사회로 돌아갈 수도 있다.

양심적 거부 형태는 그 기준에 따라 다양하게 볼 수 있다. 예컨대 양심적 거부의 범위에 따라서 ▶ 모든 형태의 전쟁에 반대하는 보편적 거부, ▶ 특정한 전쟁만을 반대하는 선택적 거부 ▶ 전쟁 자체에는 반대하지 않으나 대량살상무기, 그 중에서도 특히 핵무기의 사용을 거부하는 재량적 거부로 나누어 볼 수도 있다. 또는 병역 거부의 대상에 따라 ▶ 군복무는 받아들이지만 무기 사용은 거부하는 전투행위에 대한 양심적 병역거부 ▶ 군복무를 대신하여 사회 기관에서 대체 공익복무를 하는 대체 선택의 양심적 병역거부 ▶ 대체복무 역시 군대체제를 전제하고 있으며 군대를 사용하는 국가의 권위를 인정할 수 없다는 입장에 따라 군복무만이 아니라 대체복무까지 거부하는 절대적 병역거부로 나누어 볼 수도 있다.

3. 아시아와 한국의 양심적 병역거부운동

이용석씨는 '전쟁없는세상'이라는 단체에서 평화운동을 전개하고 있다. 그는 양심적 병역거부자이기도 하다. 2017년 그는 세계병역거부자의 날(5월 15일)에 즈음해 한 인터넷 언론에 양심적 병역거부운동에 나서는 사람들을 "평화의 페달을 밟는 사람들"이라고 하면서 한국 등 아시아에서 일어나는 이 운동을 소개했다. 그에 따르면 아시아에는 양심적 병역거부를 인정하지 않는 나라가 인정하는 나라보다 많다. 중국, 북한, 베트남, 싱가포르, 한국, 일본 등에서 양심적 병역거부은 불법화 되어 있다. 이들 나라는 징병제를 채택하고 있다.

그에 비해 양심적 병역거부를 인정하고 대체복무제를 인정하는 나라는 찾아보기 어려운데, 대만이 대표적인 대체복무제 도입 나라이다. 대만은 시민사회 요구 이전에 정부가 대체복무제를 시행하고 있다. 대만은 군 현대화 작업에 나서 병력 감축을 실시했는데, 1990년대 후반 60만여 명이었던 군대가 2000년대 초반 30만 명까지 줄어들었다. 그러자 잉여 병력이 발생하게 되어 그것을 계기로 대체복무제가 도입되었다. 대체복무제가 도입되자 군에서는 청년들의 입대를 유도하기 위해 군인 복지와 인권 신장에 힘쓰지 않을 수 없었다. 그러나 인구감소, 징병기피 현상이 지속되자 2016년 대만정부는 모병제 도입 방향을 결정하고 2018년 드디어 모병제를 도입했다. 한국에서 양심적 병역거부자가 속출하자 이 운동에 나서는 사람들이나 법원 모두 대만의 대체복무제를 참고하는 경향이 높아졌다.

한편, 쿠테타가 많았던 태국에서는 사회적 차별을 이용해 징병제도가 지속되고 있다. 징병제와 모병제를 혼용하고 있는데 전체 군인 가운데 40%(약 30만 명)가 징병제로 충원된다. 그런 가운데 태국의 징병제는 선택적인 모양새를 취하고 있다. 다시 말해 고등학교를 다니지 못하거나 시골 출신 빈곤층 청년들이 군대에 가야 하는 현상이 발생하는 것이다. 과거 한국에서도 군사 권위주의 시기 '군대는 돈 없고 빽없는 사람들이 가는 곳'이라는 이미지가 높았던 것과 비슷하다. 그런 태국에서도 양심적 병역거부가 일어나고 있다.

징병제로 양심적 병역거부가 불법인 아시아 각국에서도 양심적 병역거부운동을 비롯한 반전, 징병제 폐지, 군비축소 등 평화운동이 일어나고 있다. 이제는 아시아태평양지역에서 양심적 병역거부운동이나 군비축소에 관한 초국적 시민평화 네트워크가 형성되고 있을 정도이다. 그러나 권위주의 정치문화와 부국강병론을 활용한 대중영합주의(populism)의 발호로 인해 징병제 국가에서 양심적 병역거부운동은 개인의 미래를 걸어야 하는 결단의 문제이다.

한국에서 징병제 폐지를 구호로 내건 평화운동은 최근 들어 출현했지만 아직 대중적 지지는 높지 않은 편이다. 그러나 양심적 병역거부운동은 점점 사회적인 관심사로 부상하게 된다. 개인의 양심과 용기에 대한 공감이 일어나고 법원이 헌법상의 가치를 재판에 적극 반영하기 시작하면서 생겨난 현상이다. 어떤 연구자는 2001년을 분기점으로 양심적 병역거부 문제에 "새로운 시대가 시작되었다"고 말할 정도로 21세기 들어 한국에서 양심적 병역거부운동이 본격화되었다. 우선 양심적 병역거부를 선언하는 청년들이 언론에 보도되어 사회적 이슈가 되고, 이들을 지지 옹호하는 사회단체들이 나타났다. 민주사회를 위한 변호사모임(민변), 참여연대 등은 국제인권기구와 법원, 그리고 시민들에게 양심적 병역거부자 처벌이 국제인권규약과 헌법이 보장한 양심의 자유를 위반하는 처사라고 비판하며 대체복무제 도입을 위한 여론 조성에 나섰다. 또 서울대학교 공익인권센터, 「황해문화」, 「사회비평」 등 시사 간행물, 그리고 많은 학생 및 종교단체에서 양심적 병역거부를 지지하고 양심적 병역거부자들을 구속하지 말고 대체복무를 할 수 있도록 제도개혁이 있어야 한다고 주장해왔던 것이다.

물론 그 사이에 양심적 병역거부자들은 계속 처벌을 받아 영어(囹圄)의 몸이 되었다. 그렇지만 동시에 차츰 법원에서 양심적 병역거부를 인정하는 판결이 일어나기 시작했는데, 2002년 1월 29일 서울남부지법의 박시환 판사가 여호와의 증인 신자인 피고의 요구를 받아들여 병역법 규정(제88조)에 대한 위헌심판 제청 결정을 내렸다. 판결은 "이른바 양심적, 종교적 병역거부자들의 경우에는 헌법상 기본적 의무로 되어 있는 '병역의 의무'와 자유민주적 기본질서의 핵심적 기본권인 '사상 양심의 자유' 및 '종교의 자유' 사이에 양자를 적절히 조화 병존시킬 필요가 있다."고 전제한 뒤 현역 입영 거부자를 병역의 의무 위반으로 처벌하는 것은 사상 양심의 자유를 침해해 위헌 소지가 있다고 판결했다. 이 판결은 양심적 병역거부와 대체복무제 문제를 공론화 하는데 중대한 분기점이 되었고, 이후 관련 재판에 영향을 미쳐 양심적 병역거부자에 대한 처벌이 위헌 소지가 있는지 헌법재판소가 결정내리기까지 심리를 중단하거나 선고공판을 연기하는 일이 일어나기 시작했다. 또 2002년 2월 8일에는 양심적 병역거부자에 대한 구속영장이 기각되는 일이 처음으로 발생했다. 이런 법조계의 변화는 이라크 전쟁 및 한국군 파병 반대운동, 북핵문제의 평화적 해결, 한국전쟁 시기 군경에 의한 민간인 학살 진상규명, 베트남 전쟁에서 한국군의 민간인 학살 규명 노력 등과 맞물려 양심적 병역거부와 대체복무제에 관한 공론화가 확산되는 계기로 작용했다. 그 과정에서 입영 전은 물론 입영 후에도 양심적 병역거부자가 나타나고 인권·평화운동에서도 이를 적극 다루어가기 시작했다.

2000년대 이후 양심적 병역거부는 일부 종교단체나 개인의 문제가 아니라 사회적 차원에서 해결해야 할 인권의 문제, 평화의 문제로 인식하게 된 것이다. 당시 노무현 정부는 양심적 병역거부자들의 외침과 법조계의 변화를 반영해 이들에 대한 대체복무제 도입을 검토하겠다고 밝혔다. 그러나 노 대통령 임기 내에 성사되지 못하고 보수정부가 들어서고 남북관계가 악화되면서 대체복무제 논의는 수면 아래로 내려가고 양심적 병역거부자들은 철창으로 들어가는 일이 이어졌다. 그로부터 9년 뒤 촛불시민혁명으로 새 정부가 들어서면서 대체복무제 논의가 다시 일어나고 있다. 문재인 대통령이 2017년 12월 국가인권위원회로부터 특별업무 보고를 받는 자리에서 "사형제 폐지나 양심적 병역거부 인정과 같은 사안의 경우 국제인권원칙에 따른 기준과 대안을 제시하면 좋겠다."고 언급한 바 있다. 대체복무제에 관한 지지 의사로 판단하기에 충분하다. 실제 2015년 이후 2017년 2월까지 약 2년 동안 총 18건의 양심에 따른 병역거부자들의 무죄판결 선고가 이루어지기도 했다.

국제사회에서 양심적 병역거부는 인권으로 인정되고 있다. 유럽연합이 2000년 제정한 'EU기본권헌장' 제10조 제2항은 "양심에 따른 병역거부권은 인정된다. 각 국내법은 그 권리의 실행을 가능하게 해야 한다"고 밝히고 있다. 유엔인권기구는 한국정부에 양심적 병역거부자들에 대한 처벌을 중단하고 대체복무제도를 도입할 것을 권고해오고 있다. 그러나 한국정부는 2018년 6월 현재까지 "한반도의 특수한 안보 현실과 평등한 병역 의무 보장의 중요성"을 이유로 여론을 핑계 대며 입장 변화에 소극적이다.

4. 대체복무제의 필요성과 가능성

문재인 정부가 등장하면서 양심적 병역거부자들에 대한 대체복무제 도입 논의는 새로운 국면으로 들어섰다. 문재인 정부가 노무현 정부가 실행하지 못한 대체복무제를 도입할 의지와 역량에 대한 기대가 크기 때문이다. 문재인 정부는 2018년 3월 20일, 대통령 개헌안을 발표하면서 국민에 의한, 국민을 위한 개헌임을 강조하며 기본권 강화를 개헌의 특징으로 꼽았다. 양심적 병역거부에 대한 처벌이 사상 양심 종교의 자유라는 기본권 침해에 해당하기 때문에 대체복무제에 대한 기대는 크지 않을 수 없다. 또 양심적 병역거부자들에 대한 사회적 관용과 법원의 무죄판결 증가, 그리고 자연적 인구감소 및 군현대화 추세로 대체복무제 도입 논의는 이제 필요성에서 가능성의 영역으로 이동하고 있는 형국이다.

그러면 일찍부터 군복무 단축, 군비축소와 함께 양심적 병역거부자들에 대한 대체복무제 도입을 주장해온 평화운동 진영은 구체적으로 어떤 입장인지 살펴보자. 참여연대는 문재인 정부가 등장하자 새 정부와 국회가 추진해야 할 입법·정책 개혁과제에 외교·통일·국방 분야 17개를 포함시켰는데, 그 중 하나로 대체복무제 도입을 위한 병역법 개정안을 내놓았다. 아래는 그 입법과제와 관련 현황 정보이다.

유엔 회원국 193개국 기준으로 징병제 국가이면서 양심에 따른 병역거부권을 인정하지 않는 나라는 한국을 포함하여 36개국 정도이다. 한국에서는 전쟁 이래 양심적 병역거부자들이 총 2만여 명 양산되었다. 국내에서 매년 500여명 이상의 양심적 병역거부자들이 감옥에 가고 있고 이는 세계 최대 규모이다. 유엔이 오랜 전부터 한국의 병역거부 문제에 대해 우려를 표명해온 것은 앞에서 언급했다. 지난 2015년 10월 유엔 자유권규약위원회는 대한민국 4차 국가보고서 심의 결과에서 "징역형을 선

사진 9-1 평화운동은 대체복무제 도입을 평화와 인권을 위한 일이라고 주장한다. ⓡ전쟁 없는세상

고받은 병역거부자 전원을 즉시 석방할 것"을 권고한 바 있다.

평화 · 인권운동 진영은 현재 복역 중인 병역거부자 전원 석방과 함께 집총을 거부하는 사람에 대해 일정 심사를 거쳐 대체복무를 인정하는 방향으로 병역법을 개정할 것을 주장하고 있다. 대체복무요원은 대체복무기관 등에서 사회복지나 안전 등 공익과 관련된 업무를 수행하는 식으로 병역 의무를 대신하면서, 집총을 수반하는 군이나 경찰 등에 복무하지 않아 자신의 종교 양심의 자유를 지킬 수 있다. 대체복무기간은 징벌적 성격을 가지지 않도록 한다는 것이 평화 · 인권운동측의 입장이다.

그렇다면 현실적으로 국내에서 대체복무제를 도입할 수 있는 영역으로 무엇이 있을까? 대체복무를 수용할 영역이 없으면 그 필요성에도 불구하고 실행이 어려울 수 있을 것이다. 이에 대해 임재성 변호사는 2017년 6월 10일, 문재인 정부의 광화문1번가 국민인수위원회에서 진행하는 '국민마이크' 행사에서 두 방안을 제시한 바 있다. 임 변호사는 징병제 국가들 중에서도 대체복무제를 통해 병역거부자들에게 기회를 부여하고 있다고 전제하고 소방과 노인간호 영역에 대체복무제도를 도입할 수 있다고 제안했다. 문재인 대통령은 소방관들을 만나 임기 내에 소방인력을 2만 명 가까이 확충하겠다고 말했고, 24시간 근접 보호가 필요한 중증 치매에도 정부가 책임지겠다고 언급했다. 이런 공공영역에 대체복무제가 도입된다면 양심적 병역거부와 처벌이라는 악순환이 사라지고 개인의 신념과 공공의 이익이 조화를 이룰 수 있다. 대체복무제도의 효과는 뚜렷하다. 천신민 전 대만 사법원 대법관은「한겨레」신문과의 대담에서 "대체복무제는 국가가 국민의 종교적·양심적 기본권을 보장하는 것뿐 아니라 군대의 인권도 개선할 수 있다."고 말한 바 있다. 이제 양심적 병역거부자의 인권을 안보라는 이름으로 탄압하는 시대가 사라질 때가 다가왔다. 국내외적 여론과 판결 추세의 변화, 개인의 권리를 중시하는 의식의 증대, 여기에 정부의 적극적인 의지가 더해진다면 대체복무제가 도입될 수 있을 것이다.

5. 양심적 병역거부를 넘어

양심적 병역거부자들에 대한 대체복무제가 도입되면 인권이 신장되고 평화가 도래하는가? 양심적 병역거부의 다양한 유형을 상기할 때 대체복무제는 절대적 병역거부, 광범위한 병역거부를 포함한 양심적 병역거부운동의 목표를 모두 담아내는 것은 아니다. 양심적 병역거부운동이 징병제 폐지운동의 일환이지만 징병제 폐지운동이 양심적 병역거부운동으로만 그 목적을 달성할 수는 없다.

징병제 폐지운동은 어쩌면 영구평화가 달성되는 날까지 그 깃발을 내릴 수 없는 사회운동인지도 모른다. 그렇기 때문에 대체복무제와 함께 군대 안팎에서 가능한 다양한 평화군축운동을 전개해나가는 것이 최선의 길이다. 거기에는 군복무 단축, 병력 감축, 긴장완화, 군인권 신장 등의 과제가 포함된다.

2005년 국방부는 이미 군 복무기간을 18개월까지 단축하겠다고 공언한 바 있다. 노무현 정부는 당시 68만 명이었던 병력을 2020년까지 50만 명으로 감축한다는 전제 아래 군 복무기간을 2014년까지 육군기준 18개월로 단축하겠다고 약속했다. 이명박 정부가 이를 폐기하고 복무기간을 21개월로 동결했다. 박근혜 정부는 다시 18개월 단축 공약을 내놓아 18개월이 가능함을 인정했지만 대통령 취임 직후 공약을 폐기했다. 2018년 5월 국방부는 병사 복무기간(육군 기준)을 문재인 대통령 임기 중 현재 21개월에서 18개월로 단계적으로 단축하는 방안이 담긴 '국방개혁 2.0'(안)을 청와대에 보고한 것으로 알려졌다. 또 군복무 기간이 병력 규모와 깊은 상관관계이 있음을 감안할 때 병력 감축 규모도 관심사이다. 과도한 장교인원을 유럽의 군사강국들과 유사한 수준으로 줄이고, 부사관 규모를 12만~15만 명으로 유지하면 사병규모를 16~20만 명으로 유지할 수 있다는 분석도 있다. 군 병력을 35~40만 명으로 감축하면 군 복무기간을 12개월 수준으로 줄이는 것도 가능하다는 주장도 있다. 이는 결국 남북한 신뢰구축→병력 감축→군 복무 단축 및 대체복무제 확립과 같은 평화지향적인 연쇄고리가 형성됨을 의미한다.

분단 아래 북한과 대치하고 있는 상태에서 양심적 병역거부자들에 대한 대체복무제 도입도 쉽지 않다. 거기에 병력 및 군비 감축으로 나아가 사회의 군사화를 완화하고 인권과 복지를 꽃피우려면 남북관계가 대결에서 협력으로 전환하고, 정전체제를 평화체제로 전환시켜야 한다. 또 이를 위해서는 북한의 핵포기와 북한체제에 대한 안전보장, 이 두 과제가 서로를 결박해 한 세트로 해결돼야 한다. 그럴 때 양심적 병역거부자들의 양심이 존중받고 징병제가 모병제로 전환될 수 있을 것이다.

■ 더 읽을 책

전쟁저항자인터내셔널(WRI) 지음, 여지우 · 최정민 옮김, 『병역거부:
   변화를 위한 안내서』, 경계, 2018.

김두식, 『평화의 얼굴: 총을 들지 않을 자유와 양심의 명령』, 교양인,
   2007.

■ 토론 주제

1. 징병제 폐지운동의 목표를 이상과 현실 사이에서 토론해보자.

2. 양심적 병역거부운동의 유형을 사례를 들어 나누어보자.

3. 한국에서 대체복무제가 필요하고 가능한지 토론해보자.

4. 징병제 폐지운동이 성공할 조건을 국내와 남북관계, 두 차원에서 생
   각해보자.

■■ 10장

평화적 갈등해결

1. 평화적 갈등해결이란?

평화의 궁극적인 목표는 평화적 공존이다. 개인, 집단, 사회, 국가 등 다양한 주체 사이에 힘에 의존하는 폭력적 관계가 중단되고 상호 존중과 인정에 기초한 새로운 관계가 형성될 때 평화적 공존이 가능하다. 이러한 평화적 공존을 가능하게 하는 것은 다양성 및 이견의 존재다. 공존이라는 말 자체가 이미 다양성과 이견을 전제로 하고 있다. 평화적 공존은 그런 다양성과 이견이 평화로운 관계를 만들고 유지하는 데 긍정적이고 필요한 요소로 작용할 때 가능해진다. 이런 평화적 공존이 지속성을 가지려면 다양성과 이견으로 인해 생기는 문제와 갈등이 평화적 공존을 저해하거나 깨지 않는 방식으로 해결돼야 한다.

개인과 집단 사이에는 관계가 형성돼 있고 그 관계 안에서는 자연스럽게 문제가 생긴다. 문제를 둘러싼 이견이 강화되고 대립이 형성되면 갈등이 된다. 갈등은 흔히 입장이나 이익을 둘러싸고 대립하는 둘, 또는 그 이상의 개인이나 집단 사이에 생긴다. 문제에 직면한 사람들이 '갈등'이란 말을 입에 올린다면 문제가 심각한 수준에 도달했다는 의미다. 그리고 그 문제는 특별한 노력과 과정을 통해 해결될 수 있음을 의미한다. 이런 상황에서 문제를 해결하고 갈등을 끝내기 위해 선택할 수 있는 방법은 여러 가지다. 대립과 논쟁을 피하기 위해 관계를 아예 단절할 수도 있고, 소송을 통해 종결시킬 수도 있고, 다양한 힘을 동원해 상대의 항복을 받아낼 수도 있으며, 적당한 선에서 타협하고 조금씩 양보할 수도 있다. 그런데 평화적 공존을 유지하는 방법을 찾는다면 선택의 폭은 좁아진다. 관계를 깨지 않아야 하고 그러기 위해서는 상대를 공격하고 비난하는 방법은 제외시켜야 하기 때문이다. 이런 전제를 충족시키기 위한 최선이자 유일한 방법은 상대와 함께 갈등을 마주하고 함께 해결하는 것이다. 상대에 대한 공격과 비난이 아니라 갈등을 공동의 문제로 삼아 해결해야 한다. 이것을 풀어 설명한 것이 곧 '평화적 갈등해결'이다. 평화적 공존을 유지하고 갈등을 통해 이전보다 더 상호 인정과 존중이 이뤄지는 새로운 관계를 만들기 위해 반드시 필요한 방식이다.

평화적 갈등해결은 보통 전문용어인 '갈등해결(conflict resolution)'로 불린다. 이 용어는 다중적 의미를 가지고 있다. 첫째로는 특정 연구영역을 지칭한다. 갈등의 평화로운 해결과 관련된 이론과 실행 방법을 연구하는 영역을 일컫는다. 평화갈등학(Peace & Conflict Studies)이라는 큰 학문영역 안에 존재하며 실천을 전제로 한 응용연구로 이해된다. 여기서 말하는 갈등은 국가 또는 집단 사이의 무장 갈등(armed conflict), 즉 전쟁이나 그에 준하는 대결에서부터 개인 사이의 갈등까지를 포괄하는 용어다. 갈등해결 연구는 갈등을 폭력적인 구조, 문화, 관계 등에서 비롯되고 평화를 성취해가는 과정에서 발생하는 개인 및 집단 사이의 대립으로 이해한다. 이런 갈등을 이해하고 다룰 때 초점을 맞춰야 할 것은 갈등 당사자들 사이 폭력적 대립과 공격의 감소 및 중단, 대화와 합의에 의한 해결, 관계의 복원, 새로운 구조, 문화, 관계의 형성 등이다. 폭력에 의존하지 않는 갈등 전개 및 해결과 갈등을 통한 변화에 초점을 맞추는 것이다. 그러므로 갈등해결 연구는 갈등을 부정적인 현상이 아니라 구조, 문화, 관계의 변화를 위한 불가피한 과정으로 이해한다. 이런 갈등해결 연구와 평화적 갈등해결은 전쟁과 무장 갈등에 취약한 집단 및 사회의 변화에 초점을 맞춘 평화세우기(peacebuilding) 접근과 함께 연구되고 실행되기도 한다.

둘째로 갈등해결은 대립과 공격, 그리고 자신의 이익과 필요를 충족시키기 위해 상대의 이익과 필요를 희생시키는 방식이 아니라 대화를 통해 서로의 이익과 필요를 이해하고 상호 이익이 되는 해결책을 찾는 접근을 의미한다. '갈등해결' 자체가 폭력적이고 대결적인 방식을 거부하고 당사자들 사이의 대화와 합의에 따른 해결 방식을 내포하고 있는 것이다.

셋째로 갈등해결은 위에서 언급한 갈등의 이해와 접근 방식에 따라 갈등을 다루는 전문적 실행 영역을 지칭하기도 한다. 이 영역 안에서 다양한 학문적, 사회적, 전문적 배경을 가진 사람들이 활동한다. 이들 모두 갈등을 대화와 합의로 해결해야 하고 그것이 가장 효율적이고 바람직한 방식이라는 것에 동의한다. 이들 중에는 갈등해결을 전문 직업 영역으로 보는 사람도 있고 사회운동의 한 분야로 보는 사람도 있다. 평화운동의 맥락에서 살펴봐야 할 것은 바로 사회운동의 시각을 가진 접근이다.

2. 평화운동으로서의 조건

　평화적 갈등해결, 즉 갈등해결이 평화운동의 한 영역으로 인정될 수 있으려면 1장에서 언급한 평화운동의 조건을 충족시켜야 할 것이다. 첫째로 평화적 관계와 공존을 이루기 위한 목표를 가지고 있어야 하고, 둘째로 폭력을 감소 내지 제거한다는 목표를 가지고 활동해야 한다는 것이다. 셋째로 평화적 방식에 의존해야 하고, 넷째로 문제나 갈등을 평화적으로 해결해야 한다는 것이다. 네 번째 조건은 '평화적 갈등해결'이라는 언어 자체로 이미 충족됐으니 나머지 세 가지 조건이 충족되는지를 살펴봐야 한다.

　첫째 조건인 평화적 관계와 공존을 위한 목표는 갈등해결 분야의 기본적 접근과 맥을 같이 한다. 갈등은 개인과 집단 사이의 관계에서 발생하고 갈등해결은 그런 갈등을 대립과 상호 공격의 방식이 아니라 당사자들 사이의 대화와 합의의 방식을 통해 해결해야 한다고 주장한다. 그 이유는 대립과 상호 공격은 관계를 단절 내지 파괴하기 때문이다. 당사자들은 갈등을 해결하기 위해 때로 소송이나 중재재판에서 제삼자가 결정을 내리는 방식을 택하기도 하는데 이것은 갈등해결의 접근이 아니다. 그런 경우 승자와 패자가 생기고 결국 관계가 깨질 수 있기 때문이다. 갈등해결이 해결의 방식으로 대화와 합의의 원칙을 주장하는 이유는 관계 파괴를 최소화하고 오히려 갈등을 상호 이해를 개선하고 관계 변화를 꾀하는 기회로 삼기 위해서다. 또한 갈등을 야기한 근본원인을 함께 다루고 공존의 환경을 만들기 위해서다.

　둘째 조건인 폭력의 감소 및 제거와 관련해 살펴보자면, 갈등해결이 제시하는 대화와 합의는 갈등 상황에서 상호 공격과 비난을 줄이거나 없애기 위한 것이다. 다시 말해 상호 폭력을 감소 및 제거하기 위한 것이고 여기에는 물리적 폭력은 물론 구조적, 문화적 폭력도 포함된다. 갈등해결에 있어서 이것은 우선적으로 목표가 아니라 대화와 합의를 위한 전제조건이 된다. 상호 폭력이 진행되고 악화되는 상황에서는 대화 자체가 불가능하기 때문에 갈등을 해결하기 위해 우선적으로 상호 공격과 비난, 다시 말해 폭력이 중단돼야 하는 것이다. 그렇지만 모두가 만족할 수 있는 합의와 관계 개선을 위해서는 폭력의 중단을 넘어 근본적인 폭력의 감소 및 제거가 논의돼야 한다. 이때의 폭력 감소와 제거는 갈등해결의 목표가 된다. 개인, 집단, 국가 사이 갈등이나 무력 충돌 등 모든 상황에서 폭력의 감소와 제거는 갈등의 재발을 막고 평화적 공존을 지속시키는 기본 요소가 되고 갈등해결은 이것을 가치이자 목표로 삼는다.

셋째 조건인 평화적 방식에 의존해야 한다는 것은 갈등해결이 당사자들의 자발적인 결정과 참여, 그리고 대화와 합의에 의한 문제해결 원칙에 의존하는 것과 맥을 같이 한다. 당사자들의 자발적인 참여란 사회와 주변, 또는 상대적 강자의 압력에 의해서가 아니라 각 당사자가 스스로의 결정에 따라 상대를 마주해 문제를 해결하는 것을 말한다. 때로 개인, 집단, 사회의 압력이 영향을 미치기도 하지만 어쨌든 최종 결정은 당사자 스스로 내려야 한다. 대화와 합의에 의한 문제해결 원칙이란 물리적 힘이나 폭력적 언어, 또는 폭력적 구조, 문화, 관계 등을 동원해 상대를 압박하고 패배시키는 접근이 아니라 상호 토론과 공동의 대안 도출 방식을 통한 해결을 말한다. 이것은 곧 평화적 방식에 의존한 해결로 해석될 수 있다. 갈등해결이 당사자들의 자발적 참여와 당사자 사이 대화와 합의를 원칙으로 삼는 이유는 그렇지 않고는 대화를 지속할 수 없고, 모두가 만족하는 해결책을 도출할 수 없으며, 향후 갈등의 재발을 막을 수 없기 때문이다. 갈등의 해결을 위해 평화적 방식에 의존해야 하고 평화적 방식을 갈등해결의 수단이자 원칙으로 삼을 수밖에 없는 것이다.

위의 조건들을 충족하는 갈등해결을 평화운동의 한 영역으로 보는 데는 무리가 없다. 물론 그렇다고 해도 갈등해결에 종사하는 개인, 단체, 기관 등이 모두 위의 조건들을 의식하며 일하는 것은 아니고, 자신이 하는 활동을 평화운동과 연결시키는 것도 아니다. 평화운동과는 전혀 상관없이 직업적 접근만 취하는 사람과 조직도 있다. 그러나 많은 개인과 조직이 평화운동의 맥락에서 갈등해결을 연구하고 실행하는 것 또한 사실이다.

3. 시민단체의 갈등해결

실행을 중심으로 한 한국사회의 갈등해결은 크게 두 개의 영역으로 구분할 수 있다. 그중 하나는 공공갈등 현안을 다루는 갈등관리 분야다. 이 영역은 공공기관 및 공기업의 정책과 사업을 둘러싸고 발생하는 갈등의 예방과 해결을 다루는 영역이다. 주요 활동은 공공기관 및 공기업 실무자들을 교육하고 갈등관리와 해결을 위한 자문, 과정 설계, 진행 서비스 등을 제공하는 것이다. 이 영역에서의 활동은 사회운동보다는 전문적, 직업적 지식과 기술을 제공하는 것에 주로 초점이 맞춰져 있다. 갈등을 다룰 때도 관계의 변화, 폭력의 감소와 제거, 평화적 방식의 원칙과 방향성 등을 설정하는 경우가 많지 않다. 일반적인 목표는 공공정책과 사업을 둘러싸고 발생하는 갈등을 조기에 탐색해 예방하고, 갈등이 발생했을 경우 당사자 합의에 의해 해결하는 것이다. 물론 여기에는 당사자들 사이 대화와 합의라는 갈등해결의 기본원칙이 적용된다. 이 영역은 큰 틀에서 평화운동과 관련이 없다. 다만 이 영역에서 일하는 개인과 단체가 평화운동의 배경을 가지고 있거나 공공갈등이 아닌 다른 갈등을 다룰 때는 평화운동의 맥락에서 접근하기도 한다.

다른 하나의 영역은 개인 및 집단 사이의 대립과 갈등을 다루는 영역으로 주로 시민단체의 성격을 가진 단체와 거기에 속한 개인들에 의한 활동이다. 사회와 학계에 독립된 영역으로 정착돼 있는 다른 나라에서의 갈등해결은 학문적 영역과 전문단체 및 시민단체와의 연계와 긴밀한 협력을 통해 실행된다. 그러나 한국사회의 경우에는 시민단체를 중심으로 갈등해결, 특별히 평화적 갈등해결 영역이 형성돼 있다. 거기에는 두 가지 이유가 있다. 하나는 지금까지 평화갈등학 또는 갈등해결학이라는 독립적인 학문 분야가 대학에 없기 때문이고, 다른 하나는 처음 갈등해결이 시민단체를 통해 한국사회에 소개됐기 때문이다.

2000년대 초 미국의 한 시민단체가 한국 시민단체들의 요청에 따라 활동가들에게 갈등해결 집중교육 프로그램을 제공했다. 그 후 훈련을 받은 활동가가 중심이 돼 갈등을 다루는 최초의 시민단체가 시작됐다. 이 단체는 평화운동 단체 안에 설립됐고 자연스럽게 평화운동의 배경을 가지고 갈등해결 교육과 활동을 했다. 몇 년이 지나면서 시민단체의 성격을 가진 다른 단체들도 생겼고 대부분의 단체들 역시 평화운동의 맥락에서 갈등해결에 접근했다. 때문에 갈등해결 교육과 훈련 커리큘럼 안에는 평화에 대한 교육이 포함돼 있다. 대학에 전공학과가 없는 한국 상황에서 갈등해결과 관련된 교육과 훈련은 주로 이런 시민단체들에 의해 이뤄지고 있다.

갈등해결과 관련된 일을 하는 주요 시민단체들이 갈등해결을 평화의 맥락에서 접근하고 있음은 단체가 자신의 활동과 목표를 설명하는 것에서 확인할 수 있다. 한 단체는 "평화적 갈등해결 문화를 만들어가는 활동"을 하고 있음을 설명하고 "학교평화커뮤니티의 구축"과 "학교 평화 문화 만들기"를 위한 지원 활동을 하는 일 중 하나로 소개하고 있다. 평화교육을 하는 한 단체는 '평화세우기'의 맥락에서 갈등해결 교육을 하고 있다. 이 단체는 "평화롭고 건강한 공동체"를 만들고 "지속가능한 평화공동체"를 만드는 것이 활동의 목표임을 밝히고 있다. 특별히 관계를 만들고 변화시킴으로서 평화로운 공동체를 만들고 지속시키는 궁극적 목표와 연결지어 다양한 교육 프로그램을 소개하고 있다. 또 다른 단체도 "평화운동체"로서 자신을 소개하고 있으며 평화교육과 평화일꾼 양성의 목표를 가지고 활동하고 있음을 밝히고 있다. 이 단체는 "비폭력 평화교육"의 카테고리 안에서 갈등해결 교육과 평화감수성 교육, 그리고 갈등 예방과 해결을 위한 조정과 서클 대화 운영 등의 활동을 하고 있다. 주목할 것은 이런 시민단체에서 교육과 훈련을 하거나 받는 사람들 대부분이 평화활동가로서의 정체성을 가지고 있다는 것이다. 또는 적어도 평화에 관심을 가진 사람들로서 한국사회 및 세계의 다양한 평화 현안을 지지하고 대응 활동에 참여하고 있다는 것이다.

평화운동의 맥락에서 갈등해결에 종사하고 있는 시민단체들이 초기에 가장 많이 했던 활동은 당사자들의 갈등해결을 돕는 조정자(mediator)를 기르는 훈련과 학교에서의 '또래 조정(peer mediation)' 교육이었다. 조정자 훈련을 받은 학생들이 다른 학생들의 문제해결을 돕는 또래 조정은 학생들 스스로 문제를 해결할 수 있게 하고 학교폭력을 예방하는 기제가 될 수 있다는 점에서 많은 관심을 받았다. 근래 몇 년 동안 갈등해결에 종사하는 시민단체들이 가장 많은 관심과 에너지를 쏟고 있는 것은 회복적 정의(restorative justice) 운동이다. 이것은 학교폭력 사건을 다룸에 있어서 가해자에 대한 처벌이 아니라 가해자와 피해자의 관계 회복에 초점을 맞추고 나아가 그들이 속한 공동체의 복원까지를 목표로 삼는 문제해결 방식을 말한다. 회복적 대화, 회복적 공동체, 회복적 서클 등 여러 가지 형식으로 교육 및 실천이 이뤄지고 있다. 이 운동은 폭력적 대립을 다루는 것에 그치지 않고 궁극적으로 평화로운 관계와 공동체를 목표로 한다는 점에서 평화운동에 더 가깝다고 볼 수 있다. 단체들은 특별히 이것을 학교에 적용시킨 회복적 생활교육 운동을 전개하고 있다. 이런 접근을 통해 학생, 학부모, 교사 등 학교 내 집단 사이의 갈등을 예방 및 해결하고, 평화로운 관계를 형성하며, 평화로운 학교공동체를 만드는 데 기여하고 있다.

4. 구조와 문화 변화를 위한 갈등해결

갈등해결에 대한 접근은 다양하다. 개인부터 국가까지 모든 주체와 사회가 갈등을 일상적으로 겪고 다양한 분야가 갈등 대응과 해결을 고민한다. 때문에 갈등에 대한 접근도 단순한 문제해결과 대립의 종식만 다루는 것에서부터 평화세우기와 화해를 포괄하는 접근까지 다양하다.

갈등은 기본적으로 관계 속에서 발생하고 갈등이 생겼을 때 가장 영향을 받는 것 또한 관계다. 그리고 갈등의 발생, 전개, 해결에 결정적 영향을 미치는 관계는 단지 당사자들 사이의 상호작용이 아니라 지속적으로 약자의 희생을 요구하는 집단이나 공동체의 폭력적 구조와 문화의 영향을 받는다. 그러므로 대화를 통해 갈등을 해결하는 노력에는 당사자들 사이 관계를 바로잡는 것은 물론 그들이 속한 공동체나 큰 사회를 변화시키는 것까지 포함돼야 한다. 이런 노력의 최종 목표는 폭력적인 구조와 문화의 변화를 통해 다양한 개인과 집단의 평화로운 공존을 가능하게 만드는 것이다. 물론 한 번의 갈등이나 갈등을 해결하는 노력을 통해 이 목표를 달성하는 것은 거의 불가능하다. 또는 갈등에 대응할 때 관계와 사회의 변화까지 다룰 수 없는 경우도 허다하다. 그럼에도 평화적 갈등해결은 관계와 사회변화를 통한 공존의 과제를 염두에 둘 수밖에 없다.

관계와 사회변화를 위한 갈등해결을 논할 때 반드시 언급해야 할 것은 힘의 관계다. 억압하는 다수민족과 차별과 억압을 끝내려는 소수민족 사이의 갈등부터 복종을 요구하는 사람과 더 이상의 복종을 거부하는 사람의 대립까지 많은 갈등이 힘에 의존하는 관계에 대한 상대적 약자의 저항에서 출발한다. 이때 갈등은 약자의 전략적 선택이고 약자의 최종 목표는 힘에 의존한 왜곡되고 폭력적인 관계를 끝내는 것이다. 나아가 상호 존중과 인정을 토대로 한 새로운 관계, 그리고 그것을 지속시키는 토대와 조건이 되는 변화된 구조와 문화를 만드는 것이다.[1] 물론 상대적 강자는 이미 자신에게 유리한 상황을 바꾸길 원하지 않는다. 때문에 갈등은 격렬해지고 악화될 수 있다.

갈등의 이런 면은 관계의 형태와 질, 그리고 그것을 지지하는 구조와 문화를 통해 분석되고 정의되는 폭력과 평화의 모습과 통한다. 그러므로 갈등해결은 부당하고 억압적인 힘의 관계를 해체하고 새로운 관계, 달리 해석하면 폭력적인 관계를 청산하고 평화로운 관계를 만드는 과정으로의 의미를 가진다. 이 점은 평화적 갈등해결 활동을 평화운동으로 볼 수 있는 근거가 되기도 한다.

평화적 갈등해결은 힘에 의존하는 관계에서 비롯된 억압과 부정의에 대응하는 방식으로서도 중요한 의미를 가진다. 대부분의 사회운동은 억압과 폭력의 관계를 끝내기 위해 저항을 선택하고 그것을 통한 승리를 최종 목표로 설정한다. 때로 저항 과정에서 전략적으로 또는 불가피성의 명분 하에서 물리적 폭력이 동원되기도 한다. 다른 사회운동과 다르게 평화적 방식에 의존하는 원칙을 가지고 있는 평화운동은 목표는 물론

---

1 정주진, 『갈등은 기회다』(개마고원, 2016), pp. 77-86.

저항의 방법과 목표를 달성해가는 과정에도 동등하게 관심을 쏟는다. 평화적 갈등해결은 이 과정에 적용될 수 있는 구체적인 절차와 방식을 제공한다. 특별히 저항의 대상을 완전한 타자로 분리하지 않고 자신과 같은 문제에 직면해 있고 함께 문제를 해결해야 하는 상대(partner)로 보면서 상호의존적인 관계와 공동해결의 필요성을 강조한다. 이런 접근은 살육을 저지른 무자비한 무장 세력부터 자기 이익만 추구하는 집단이나 개인에게까지 똑같이 적용된다.

평화적 갈등해결은 이런 당사자들이 직접 대면하고 문제를 공유하며 대화, 협상, 합의를 통해 해결책을 모색할 수 있는 환경을 만들고 관리 및 진행하는 역할을 한다. 이것은 평화적 갈등해결의 실행자들이 외부자인 자신의 가치와 입장이 아니라 갈등의 현장에서 삶을 꾸려가는 당사자의 필요와 선택을 존중하고 그것들을 중심에 둔 접근을 하기에 가능한 일이다. 그럼에도 이런 접근이 부정의와 억압을 인정하는 것이 되지 않고 상대적 약자를 보호하는 수단이 되려면 우선적으로 힘의 관계를 해체해야 한다. 동시에 그런 관계의 형성과 유지에 기여한 구조와 문화를 다룰 수 있어야 한다. 그렇지 않으면 평화적 갈등해결은 비판자들이 우려하는 것처럼 상대적 강자, 또는 불의한 당사자에게 정당성을 부여해주는 왜곡되고 위험한 접근과 사회적 기제가 될 수도 있다.

그러므로 평화적 갈등해결은 힘의 관계에 대한 성찰과 분석을 잃지 않아야 하고 동시에 그것을 가능하게 만든 구조와 문화에 대한 접근 또한 배제하지 않아야 한다. 간혹 평화적 갈등해결은 관계, 구조, 문화의 변화를 위해 자신을 부당하게 대우하고 억압하는 상대와도 대화를 시도할 준비가 돼 있는 상대적 약자를 교육하고 그들을 변화시키는 것에 지나치게 초점을 맞춘다. 억압과 갈등의 근본원인인 상대적 강자의 태도와 그것을 가능하게 만든 폭력적 구조와 문화를 변화시키는 것에는 상대적으로 소홀하거나 관심을 쏟지 않는다. 그 결과 관계, 구조, 문화를 변화시켜야 하는 책임은 상대적 약자에게 모두 부과되는 모순적이고 부당한 일이 벌어지기도 한다. 평화적 갈등해결은 모든 당사자에 대한 접근, 그리고 갈등과 그 원인에 대한 당사자들의 공동 대응을 원칙으로 하는 것이므로 근본원인인 구조와 문화에 대한 분석적이고 적극적인 접근을 취해야 당사자들의 관계와 사회의 변화에 기여할 수 있다. 그러기 위해 갈등해결 과정에서는 적극적으로 힘의 관계를 드러내 해체하고 공동으로 분석하는 작업이 우선, 또는 동반돼야 한다.

평화적 갈등해결 영역은 평화운동으로서 정체성을 가지고 있고 평화적 방식에 의한 평화 성취의 구체적인 방법을 제시한다. 그러나 그 핵심적 역할이 실행에 있음에도 불구하고 저항에 주력하는 평화운동 영역과 긴밀한 관계를 형성하지 못하면서 평화와 관련된 사회갈등의 전개와 해결에 있어서는 별 기여를 하지 못하는 한계에 직면해 있다. 문제해결 접근과 관련해 여전히 존재하는 간극 때문에 두 영역 사이의 적극적 협력은 거의 부재하다.

사진 10-1 갈등해결은 대립이 아닌 대화를 통해 이견을 서로 인정하고 갈등을 공동의 문제로 함께 다루는 것이다. ⓒ연합뉴스

가장 첨예했던 평화운동 현안이었던 제주 해군기지 갈등이나 사드배치 갈등과 관련해 평화적 갈등해결은 거의 역할을 하지 못했다. 이 영역에서 활동하는 개인들의 참여는 있었겠지만 단체나 전체 영역 차원에서는 당사자와 문제해결을 중심에 둔 새로운 접근을 가지고 독립적으로, 또는 협력적으로 활동하지 못했다. 물론 갈등이 정부의 일방적 결정, 극심한 힘의 차이, 군사문제의 보수성 등과 관련돼 강한 저항을 필요로 했던 것은 사실이다. 또한 정부와 군이 상대적으로 강한 힘을 가지고 있었다는 점에서 저항을 통해 극심한 힘의 불균형을 완화시키는 접근이 필요했던 것도 사실이다. 그럼에도 불구하고 갈등이 주민들의 삶과 관련됐다는 점에서 저항운동의 접근과 함께 문제해결을 위한 다양한 접근도 필요했다. 평화적 갈등해결은 다양한 접근 중 하나를 제시할 수 있는 가능성을 가지고 있었지만 거의 아무런 역할을 하지 못했다. 이것은 평화적 갈등해결이 당사자들 사이 대화를 통한 문제해결을 위해, 또는 문제해결을 통한 변화를 위해 극심한 힘의 불균형 관계, 그리고 그것을 가능하게 하는 폭력적인 사회 구조와 문화를 어떻게 다룰 것인지를 고민하게 만드는 부분이다.

■ 더 읽을 책

존 폴 레더락 지음, 박지호 옮김, 『갈등전환』, KAP, 2014.

정주진, 『갈등은 기회다』, 개마고원, 2016.

■ 토론 주제

1. 사회갈등을 해결하기 위한 시민운동 또는 평화운동의 역할에 대해 토
   론해 보자.

2. 관계의 변화는 물론 구조 및 문화의 변화까지 가져올 수 있는 갈등해
   결 접근의 적용에 대해 토론해 보자.

■ 11장

사회적 약자와 평화운동

1. 혐오와 배제의 폭력

국어사전은 '혐오'를 누군가를 '싫어하고 미워함'이라고 설명하고 있다. 문자만 보면 인간관계에서 흔히 있을 수 있는 일처럼 보이지만 그것이 주는 느낌과 인상은 매우 강하다. 심지어 모욕적이기까지 하다. 혐오를 뜻하는 영어 단어로는 'hatred', 'hate', 'disgust' 등이 있다. 이 단어들은 '증오', '몹시 싫음', '넌더리 나고 메스꺼울 정도로 싫음'을 의미한다. 영어 단어가 훨씬 더 강하고 직설적이다. 정확한 이유는 모르겠지만 혐오라는 단어와 사회적 현상의 등장이 비교적 오래되지 않은 한국사회보다 훨씬 오래 전부터 혐오와 그에 따른 사회적 현상이 영어를 쓰는 사회에 존재했기 때문이라고 짐작된다. 그래서인지 언어가 사람들이 가지고 있는 인상과 사회적 현상을 더 정확하게 묘사하고 있는 것 같다. 혐오와 관련된 혐오 발언(hate speech)이나 혐오 범죄(hate crime) 등의 단어가 오래 전부터 존재했던 것을 보면 한국보다 훨씬 일찍 혐오를 사회적으로 인지하고 우려했던 것이 분명하다. 반면 한국사회에서는 불과 최근 몇 년 사이에 적대적 태도와 사회적 현상으로 혐오를 인지하고 우려하는 분위기가 형성됐다.

한 사람이 다른 사람을 싫어하거나 좋아하는 것은 자유 의지이자 결정이다. 그러나 혐오는 사회적 의미와 영향력을 가지고 있다. 그것은 혐오가 밖으로 표현되고 행동으로 옮겨질 때 비로소 '혐오'로 인식되고 인정되기 때문이다. 그리고 그에 따른 피해가 발생하기 때문이다. 그러므로 혐오는 개인의 선택이고 결정이지만 사회적 판단과 대응을 요구한다. 표현과 행동이 혐오 발언이나 혐오 범죄가 되고, 심할 경우 혐오의 대상이 되는 집단을 사회에서 제거하려는 물리적 공격과 학살로 연결되기도 하기 때문이다.

혐오는 평화 성취를 위해 반드시 다뤄야 하는 사회 현상 중 하나다. 혐오의 표출이 힘의 차이를 악용해 특정 개인이나 집단에게 폭력을 가하려는 시도인 경우가 흔하기 때문이다. 평화 성취를 위한 기본 접근은 폭력의 존재와 원인을 규명하는 것이고, 폭력은 힘의 차이를 악용하는 데서 비롯된다. 때문에 개인 또는 집단 사이 힘의 관계의 분석하는 것은 폭력에 접근하는 출발점이 된다. 혐오를 이해하기 위해서도 이런 힘의 관계 및 차이와 그것의 악용을 이해하는 것이 필요하다.

힘은 신체적, 물리적 힘을 넘어 나이, 지위, 정보, 인맥, 재산, 지식, 가족 등 개인이나 집단이 활용할 수 있는 다양한 배경도 포함한다. 힘의 분석을 통해 드러나는 보편적인 현상과 문제는 상대적 약자, 또는 소수의 상대적 약자 집단에 대한 상대적 강자, 또는 다수의 상대적 강자 집단의 억압과 강요다. 개인이든 집단이든 상대적 강자는 자신의 이익을 위해 다양한 종류의 힘을 이용한다.

억압과 강요를 통해 강자가 얻는 일반적 이익은 물질적 이익이나 그에 준하는 이익을 가능하게 만드는 명예나 지위 같은 것이다. 그런데 물질적 이익을 보장하지 않는 우월감, 편견, 적대감 등의 정당화도 상대적 강자가 얻거나 추구하는 중요한 이익이다. 이런 것을 정당화하면 특정 개인이나 집단에 대한 기피는 물론 혐오까지 가능해진다. 나아가 인정하기 싫은 개인이나 집단을 자신이 속한 집단이나 사회에서 배제시킬 수 있는 가능성 또한 높아진다. 혐오가 배제로 연결되는 것이다. 이것은 혐오를 표현하는 개인이나 집단이 상상하는 가장 바람직한 결과다. 자신의 생각과 취향에 맞는 집단과 사회를 만들고 유지할 수 있기 때문이다. 배제는 혐오가 특정 개인 및 집단 사이의 문제를 넘어 사회화될 때 야기되는 폭력적 상황이다.

혐오와 배제의 대상이 되는 개인과 집단은 물리적, 비물리적 공간에서 다양한 억압과 강요에 노출되고 피해를 입는다. 이것이 혐오를 폭력으로 이해해야 하는 이유다. 혐오와 배제가 집단과 사회에 침투하면 할수록 상승효과가 작용해 관련된 폭력은 다양해지고 강도와 빈도는 높아진다. 물리적 힘이나 언어를 통해 생명, 신체, 심리에 해를 입히는 직접적 폭력은 물론 혐오와 배제를 체계화하거나 그것을 외면하는 구조적 폭력도 강화되거나 방치된다. 철학, 이론, 예술, 담론, 종교적 가르침 등을 이용한 교묘한 방식의 문화적 폭력도 강화된다. 이 모든 폭력의 확산을 통해 혐오와 배제는 사회의 규범과 상식이 된다.

보통 혐오와 배제의 대상이 되는 개인이나 집단은 사회의 전통적, 일반적 기준에서 벗어나기 때문에 이웃이나 사회 구성원으로 인정될 수 없다고 여겨지는 사람들이다. 사람이 사람을 판단하고 낙인찍는 것 자체가 정당하지 않은 일이지만 이런 일은 의외로 자주 발생한다. 주목해야 할 것은 이런 판단과 낙인찍기를 통해 혐오와 배제의 대상이 되는 사람들은 보통 사회적 약자라는 점이다. 사회적 강자, 그러니까 비록 전통적, 일반적 기준에서 벗어나더라도 사회적으로 인정되는 힘이 있는 개인이나 집단은 낙인찍기, 나아가 혐오와 배제의 대상이 되지 않는다. 결국 특정 개인이나 집단이 낙인찍기, 그리고 혐오와 배제의 대상이 되는 이유는 그들이 사회적 약자기 때문이다.

평화를 논할 때, 특별히 집단이나 사회의 평화로운 삶을 성취하고자 할 때 혐오와 배제의 문제를 다루는 것은 매우 자연스럽고 당연하다. 두 가지 이유 때문이다. 하나는 그 자체가 상대적 약자에 대한 상대적 강자의 폭력이기 때문이고, 다른 하나는 평화의 궁극적 목표인 평화적 공존과 완벽한 모순을 이루기 때문이다. 폭력은 평화를 애기하거나 평화의 성취 과정을 모색할 때 반드시 규명하고 대응해야 하는 문제다. 폭력의 범주에 속하는 혐오와 배제도 정면으로 마주하고 제거를 위한 구체적인 접근을 모색해야 한다. 평화적 공존을 위해서도 마찬가지다. 평화는 특정 개인이나 집단의 배제가 아니라 인정과 포용, 그리고 상호존중과 공존을 통해 성취된다. 개인 및 집단 사이에 생기는 이해의 충돌과 갈등은 혐오와 배제가 아니라 지속적 접촉과 상호 이해를 통해 다뤄지고 해결돼야 한다. 그 과정 자체가 평화로운 공존을 위한 평화의 경험이 되고 점진적 역량 형성에 기여한다.

2. 혐오와 배제의 대상, 사회적 약자

　혐오와 배제는 실질적인 피해를 야기한다. 혐오와 배제의 대상이 되는 개인이나 집단은 다양한 폭력에 노출된다. 일본 극우주의자들은 모든 조선인(Korean)을 일본에서 추방해야 하고 나아가 "죽여버려야 한다"는 혐오 발언을 당당하게 노상 집회에서 한다. 조선인과 그 학교에 대한 공격이 종종 일어나기도 했다. 미국과 캐나다 등에서는 수십 년 전부터 성소수자에 대한 혐오 범죄가 발생했다. 거기에는 성소수자에 대한 혐오에 기반해 그들을 추방시키거나 제거하는 것이 당연하다는 생각이 자리 잡고 있다. 혐오와 배제가 집단 전체에 대한 노골적 공격과 학살로 이어지기도 한다. 나치의 유대인 학살이 가능했던 이유 중 하나는 유대인에 대한 대중의 혐오와 그에 따라 유대인의 추방과 제거를 묵인하는 사회적 정서가 있었기 때문이다. 미얀마 군부와 대중이 로힝야족을 공격하고 학살한 근저에도 로힝야족에 대한 혐오가 자리 잡고 있다. 집단적 혐오에 기반해 로힝야족을 미얀마 사회로부터 배제 및 추방키는 것을 정당화하고 이를 위해 학살까지 감행한 것이다.

　혐오와 배제를 다뤄야 하는 실질적인 이유는 위에서 언급한 것처럼 그것이 구체적인 피해를 만들어내기 때문이다. 이론적으로만 가능한 일이지만 희생당하는 사람이 없다면 굳이 폭력을 논하거나 감소 및 제거를 고민할 이유가 없다. 그런데 폭력은 항상 피해를 야기하고 희생자의 삶, 나아가 생존에까지 직접 영향을 미친다. 설사 추방과 학살 같은 극단적 폭력이 없다 할지라도 혐오와 배제는 대상이 되는 개인과 집단을 수시로 폭력에 노출시킨다. 피해자의 노력으로 그런 가해에서 벗어나는 것은 매우 어렵다. 피해자는 이미 혐오와 배제의 대상으로 낙인찍혔고 인정과 포용의 대상에서 제외된 상태기 때문이다. 그러므로 혐오와 배제의 대상이 되는 개인과 집단은 전체 사회의 보호를 필요로 한다.

많은 사회에 혐오와 배제의 대상이 되는 특정 개인과 집단이 존재한다. 한국사회에도 존재하고 사회변화에 따라 새로운 개인과 집단이 등장하기도 한다. 여전히 단일 민족 및 단일 문화 의식과 담론이 사회에 만연하고 다양성에 대한 인식과 포용 수준이 낮은 한국사회에는 편견, 선입견, 몰이해, 우월감, 폐쇄성 등이 다방면에 존재한다. 이런 것들이 복합적으로 작용해 특정 개인과 집단에 대한 혐오와 배제가 이뤄지고 있다. 물론 인권과 폭력에 대한 낮은 인식 수준도 영향을 미치고 있다.

비교적 오랫동안 혐오와 배제의 대상이 돼온 개인과 집단은 장애인, 외국인 노동자, 다문화 가정, 탈북민, 난민 등이다. 최근에는 성소수자도 혐오와 배제의 대상이 되고 있다. 이들 모두 사회적 소수이면서 상대적 약자 집단이다. 이들은 통상 '사회적 약자'로 불린다.

한국사회에서 이들이 대표적인 사회적 약자로 여겨지는 이유는 두 가지다. 하나는 어느 꼬리표도 달지 않은, 사실은 달 필요가 없는 다른 사회 구성원들에 비해 숫자와 영향력 면에서 상대적으로 약자기 때문이다. 다른 하나는 그런 이유로 다른 사회 구성원들처럼 인간에게 기본적으로 부여된 권리를 누리지 못하고 있기 때문이다. 그런 권리를 누리려면 특별히 노력해야 하고, 그렇게 해도 법적, 사회적, 문화적 환경과 제한 때문에 누릴 수 없는 경우가 더 일반적이다. 이런 이유로 이들은 사회적 약자로 지칭되고 유감스럽게도 기본적 권리가 충족되더라고 영원히 상대적 약자 집단으로 남을 가능성이 높다. 그 결과 힘의 차이를 악용하는 데서 비롯되는 새로운 폭력에 노출될 가능성은 계속 남게 된다.

이들이 혐오와 배제의 대상이 된 데에는 다양한 요인이 작용한다. 가장 큰 요인 중 하나는 '다름'을 '자연스러움'이 아니라 '괴상함'으로 인식하고, 기존 사회 환경과 문화에 대한 '위협' 내지 '저항'으로 여기는 개인과 사회의 정서와 인식이다. 동시에 사회에 새로 진입하거나 등장하는 개인이나 집단을 '타자'와 '이방인'으로 보는 강한 집단주의 문화 성향의 영향 때문이기도 하다. 이것을 경험과 지식이 부족한 개인과 사회의 오류 정도로 취급할 수도 있다. 그런데 평화의 시각에서 분석하면 거기에는 '다름'과 '타자'를 인정하지 않는, 나아가 이론, 담론, 관습 등 문화적 도구를 통해 그런 다름과 타자를 공격하고 해치는 오랜 문화적 폭력이 자리 잡고 있음을 확인할 수 있다. 이런 문화적 폭력은 그들을 외면하고, 차별하고, 방치하는 구조적 폭력을 유지 내지 강화시키고 동시에 폭행과 폭언 등의 직접적 폭력까지 정당화한다. 그러니 평화의 접근에서는 적극적으로 분석하고 대응해야 하는 문제다.

혐오와 배제의 대상이 되는 개인과 집단을 다루면서 가장 주목해야 할 것은 장애인과 성소수자를 제외한 그들 대부분이 상대적 약자 국가 출신이라는 것이다. 그들이 한국사회보다 경제적, 정치적 힘이 없는 사회 출신이기 때문에 더 쉽게 혐오와 배제의 대상이 되는 것이다. 똑같이 외국 출신의 노동자나 다문화 가정이지만 소위 한국사회와 비슷하거나 보다 선진국 수준의 사회 출신인 경우에는 한국사회에서 다른 대우를 받는다. 이것은 폭력의 원인이 되는 힘의 차이의 악용이 혐오와 배제에 실제 적용돼 잘 작동하고 있음을 적나라하게 보여준다.

3. 사회적 약자와 평화운동

사회적 약자를 보호하고 지원하는 사회운동은 대체로 인권의 시각에서 사회적 약자의 문제에 접근하고 있다. 사회적 약자가 겪는 다양한 문제들이 기본 권리가 충족되지 않는 데서 비롯되고 구체적인 피해 또한 많은 경우 법적, 사회적 차별에서 출발하기 때문이다.

장애인의 경우 대중의 인식이 많이 개선되기는 했지만 교육, 이동, 구직, 의료서비스 등 여러 방면에서 여전히 비장애인과 같은 수준과 질의 생활을 보장받지 못하고 있다. 외국인 노동자를 보호하고 지원하는 사회운동이 시작된 지 오랜 시간이 지났지만 그들은 여전히 사회 곳곳에서 장시간 노동, 임금 체불, 위험한 노동 환경 등 한국인 노동자에 매우 뒤지는 환경에서 일하면서 부당한 대우를 받고 있다. 편견, 몰이해, 선입견 등으로 인해 사회적, 문화적 차별을 받는 일도 비일비재하다.

다문화 가정이 증가하면서 이들에 대한 사회의 선입견이나 편견이 줄어들고 정책적 지원이 점진적으로 확대되고 있다. 그러나 다문화 가정은 여전히 가정, 학교, 공공기관, 의료기관 등 다양한 생활 현장에서 언어 및 문화적 장벽과 차별의 존재로 단일문화 가정과 같은 수준의 삶의 질을 누리기 힘들다. 탈북민과 난민도 외국인 노동자나 다문화 가정이 겪는 사회적 차별과 사회 서비스 접근의 어려움을 겪고 있다. 1990년대 중반 이후 탈북민의 유입이 증가해 사회 곳곳에 자리 잡고 있지만 그들에 대한 사회적, 문화적 편견과 차별은 여전하다. 그로 인해 탈북민들은 2등 국민으로 취급받는 데 대한 자괴감과 절망감을 호소하고 있다. 한국 사회는 법적, 사회적으로 난민에게 우호적이지 않기 때문에 난민은 물론 자녀들도 차별과 무시를 받고 교육, 의료, 경제생활 등에서 어려움을 겪고 있다.

최근에 비로소 사회적 존재감을 드러낸 성소수자는 자신의 정체성을 그대로 인정받는 것에서부터 장벽에 직면해 있다. 법적, 사회적, 문화적 인정 및 지원 토대가 전혀 없기 때문에 개인 및 집단으로서 권리의 보장 및 개선을 요구하는 것 자체가 쉽지 않다. 다른 사회적 약자 집단이 비교적 오랜 시간 한국사회에서 존재감을 키워온 덕분에 적어도 그 존재를

사진 11-1 외국인 거주자는 여전히 혐오의 대상이 되고 법적 차별을 받고 있다. ⓒ연합뉴스

인정받고 있는 것과는 달리 성소수자는 사회적 존재 자체를 알림으로서 권리를 주장하고 보장받을 수 있는 토대부터 놓아야 하는 상황이다. 성소수자는 현재 가장 심각하게 편견, 선입견, 몰이해, 차별, 부정에 직면하고 혐오와 배제의 대상이 되고 있다.

이들 모든 사회적 약자 집단에 대한 인권적 접근은 당연하다. 문화적, 사회적 출신과 배경을 막론하고 모든 인간에게는 기본적으로 보장돼야 하는 권리가 있지만 한국사회에서는 그 권리를 박탈하거나 전혀 보장하지 않는 상황이 지속되고 있기 때문이다. 그렇다면 이런 사회적 약자를 보호하고 지원하는 운동을 평화운동으로 볼 수 있을까? 평화의 시각에서 볼 때 그런 면이 아예 없는 것은 아니다. 대부분의 운동단체들이 사회적 약자의 권리를 위해 일하면서 동시에 편견과 차별, 그리고 다양한 개인과 집단이 충돌 없이 상호존중에 기초해 평화롭게 공존하는 사회를 주장하고 있기 때문이다. 그렇지만 평화적 공존은 운동의 핵심이 아니고 주요 목표로 설정돼 있지도 않다. 다만 사회적 약자의 권리 충족과 삶의 질을 위해 동반돼야 할, 또는 권리가 충족될 때 결과적으로 나타나는 사회의 모습으로 여겨진다. 그러므로 주로 인권에 초점이 맞춰진 사회적 약자 운동을 평화운동으로 볼 수는 없을 것이다.

그렇다면 평화운동은 사회적 약자 문제에 어떻게 접근하고 있을까? 평화운동은 사회적 약자 문제를 다뤄야 할 필요가 있을까? 평화운동은 지금까지 언급한 사회적 약자의 문제를 주요한 주제로 다루지 않고 있다. 이미 각각의 사회적 약자 집단을 다루는 특화된 사회운동 단체들이 있기 때문일 것이다. 평화운동은 기본적으로 사회적 약자를 위한 사회운동을 지지하고 필요할 경우 연대 활동을 하는 역할에 머물러 있다. 그런데 평화운동은 사회적 약자 문제를 다룰 수 있고 다룰 필요가 있다. 그 이유는 사회적 약자의 문제가 인권 문제를 넘어 사회의 폭력성과 폭력문화, 그리고 평화적 공존의 문제와 직접 관련되기 때문이다.

앞서 언급한 것처럼 사회적 약자는 혐오와 배제의 대상이 된다. 그리고 혐오와 배제는 그 자체로 상대적 약자에 대한 상대적 강자의 폭력이다. 동시에 혐오와 배제가 확산될수록 보다 많은 폭력이 생긴다. 사회적 약자에 대한 이런 혐오와 배제는 사회의 폭력문화에서 비롯되고 사회의 폭력성을 적나라하게 드러낸다. 그러므로 '사회적 약자'라 명명되는 개인과 집단의 존재 자체가 폭력의 제거가 필요한 상황임을 말해준다. 동시에 평화적 공존이 이뤄지지 않는 사회임을 말해준다. 평화의 시각과 태도로 접근하고 다뤄야 할 당위성이 성립되고 필요성이 있는 것이다.

평화운동이 사회적 약자의 문제를 다룰 수 있는 가장 효율적인 방법은 가치, 태도, 행동의 변화를 목표로 하는 평화교육을 통해서다. 사회적 약자가 겪는 가장 심각하고 근본적인 문제는 다수 집단의 편견, 차별, 몰이해 등이고 그것이 혐오와 배제, 나아가 법적, 제도적 배제와 차별을 야기한다. 이것은 평화의 시각으로 해석하면 폭력의 문제지만 대부분의 사람들은 이것을 인간관계 및 인간사회에서 생길 수 있는 자연스런 문제로 가볍게 생각한다. 그러므로 평화의 시각에서 이를 폭력의 문제로 재해석해 엄격하게 접근하고 비판할 필요가 있다. 평화교육은 이런 재해석과 비판적 접근을 가능하게 한다. 나아가 다양한 사회 구성원들의 행동 변화를 통해 사회적 약자의 권리 충족과 삶의 질 향상을 위한 사회적, 문화적 토대를 만드는데 기여할 수 있다. 궁극적으로 다양한 개인과 집단이 자신의 사회적, 문화적 출신과 배경 그대로를 유지하며 평화롭게 공존하는 것을 공동체 및 사회의 가치로 삼는 변화를 만들어낼 수 있다.

평화운동이 사회적 약자 문제를 다룰 때 특별히 기여할 수 있는 것은 주로 사회적 약자 개인의 권리에 초점을 맞춘 인권운동을 넘어 사회적 약자를 포함해 다양한 개인과 집단이 각자의 정체성을 유지하며 평화롭게 공존하는 공동체에 초점을 맞추는 사회운동으로 발전시킬 수 있다는 점이다. 이것은 평화의 궁극적 목표인 평화적 공존을 위한 구체적인 실천이 된다.

지금까지 평화운동이 해온 사회적 약자 문제에 대한 소극적 관여, 연대, 지지 표명 등을 넘어 이 문제를 적극적으로 다룰 때 사회적 약자에 가해지는 폭력과 그로 인한 피해를 줄일 수 있다. 나아가 궁극적으로 '사회적 약자'라 명명되는 개인 및 집단의 존재가 사라지고 평화적 공존이 이뤄지는 공동체와 사회를 만들 수 있다. 그러므로 평화운동은 적극적으로 사회적 약자 문제를 자신의 주제로 삼고 다양한 접근과 방식을 통해 다룰 필요가 있다. 평화운동이 자신의 정체성을 확실히 하고 사회적 역할을 하기 위해 간과할 수 없는 문제이기 때문이다.

■ 더 읽을 책

카롤린 엠케 지음, 정지인 옮김, 『혐오사회-혐오는 어떻게 전염되고 확산
        되는가』, 다산초당, 2017.

주승현, 『조난자들-남과 북, 어디에도 속하지 못한 이들에 관하여』, 생
        각의힘, 2018.

■ 토론 주제

1. 혐오와 배제의 대상이 되는 특정 사회적 약자가 직면하는 삶의 문제
   를 찾아보자.

2. 평화운동이 사회적 약자 문제를 다룰 때 인권적 접근과 구별되는 점
   을 토론해보자.

12장

통일운동과 평화운동

1. 통일운동과 평화운동의 정의

통일운동은 한반도 분단을 극복하고 나라와 민족의 하나됨을 목표로 하는 한민족 차원의 운동이다. 통일운동은 분단된 민족에서만 볼 수 있는 특수한 사회운동인 셈이다. 통일운동은 분단에서 기득권을 누리는 극소수를 제외하고 통일을 갈망하는 대다수 한민족 구성원들이 주체이다. 그리고 한반도 통일을 지지하는 국제사회의 인사들도 참여할 수 있다. 물론 통일운동의 주무대는 한반도이지만 통일을 지지하는 국제사회와 해외동포를 고려한다면 한반도로 국한되지는 않는다. 달리 말해 통일운동은 남과 북, 그리고 해외동포와 국제사회의 통일 지지세력을 주체로 하고, 통일을 반대하는 한반도 안팎의 분단옹호세력이 그 대상이다. 여기서 통일운동의 대상으로 삼고 있는 분단옹호세력이란 표현은 추상적이기 때문에 구체적으로 살펴보아야 할 것이다. 이는 통일운동의 성격과도 관련된 이야기인데, 여기서는 통일운동이 한반도 상황에서 전개되는 평화운동이라고 볼 수 있다는 점을 언급해두고 아래에서 더 논의할 것이다.

그렇다면 평화운동은 무엇인가? 통일운동과 무엇이 다른가? 이 책의 제목이기도 한 '평화운동'은 평화를 파괴하고 전쟁을 부추기는 모든 생각과 행동에 맞서 평화를 달성하고 지켜나가는 모든 움직임을 말한다. 그렇다면 통일운동도 평화운동의 측면이 있다고 볼 수 있다. 1972년 7·4 공동성명에서 남북이 합의한 통일 3원칙 중 하나가 평화였다. 남북은 물론 세계가 지지하는 통일은 전쟁통일이 아니라 평화통일이기 때문이다. 이렇게 볼 때 위에서 언급한 분단옹호세력에 한반도 안팎의 군사적 긴장과 남북간 적대관계를 정당화하고 그를 위해 군비경쟁을 지지하는 집단을 포함시키는데 이의가 없을 것이다. 평화운동은 '평화적 수단에 의해 평화'를 달성하려는 일체의 노력을 말한다. 이때 평화는 전쟁이 없는 상태(소극적 평화)와 전쟁을 초래하는 국내외의 정치·경제·사회적 모순의 해결 혹은 이해관계의 조화(적극적 평화)를 모두 포함한다. 또 평화적 수단이란 설득, 외교, 로비, 입법, 협상 등 상대의 실체를 인정하고 입장을 존중하며 공존공영을 추구하는 소통과 협력의 방법을 말한다. 이때 나의 존재를 부정하거나 위협하는 상대의 잠재적 군사공격에 대비해 자신을 방어하는 수준의 물리력을 평화적 수단에 포함시키느냐를 둘러싸고 논란이 있어왔다. 이를 인정하는 입장은 제한적 평화주의, 일체의 물리력을 인정하지 않는 입장을 절대적 평화주의라 부른다. 절대적 평화주의 입장에 서면 평화운동은 통일운동과 대립할 수도 있다. 왜냐하면 통일운동은 분단옹호세력의 인권 유린과 정치적 억압에 맞서 경우에 따라서는 생존과 방어 차원에서 물리력을 행사할 수도 있기 때문이다. 그에 비해 제한적 평화주의 입장에서 평화운동을 정의하면 평화운동은 통일운동과 계속해서 손잡을 수도 있다.

2. 두 운동의 성격과 영역

그럼 통일운동과 평화운동은 각각 어떤 성격을 띠는가? 우선, 통일운동은 그 주체로서 한민족, 주 공간으로서 한반도를 바탕으로 하고 있고 부강한 통일국가를 지향한다. 그에 비해 평화운동은 민족과 같은 특정 집단을 주체로 설정하지 않고 활동 공간도 특정 국가나 지역으로 한정하지 않는 초국적이고 보편적 성격을 띤다. 나아가 평화운동은 생존을 위한 방어적 물리력을 인정하는 경우도 있지만, 그 과정은 물론 목표를 힘으로 달성하려는 시도와 분명한 차이를 둔다.

둘째, 통일운동은 분단이 외세에 의한 분단과 분단된 이후에도 외세 추종적인 의식과 정책 관행으로부터 탈피하자는 지향을 갖고 있기 때문에서 탈식민주의, 자주적 성격도 띠고 있다. 이 점은 적극적 평화를 추구하는 평화운동이 담고 있는 평화문화, 평화교육과 상통하기도 한다. 다만, 통일운동이 드러내는 반외세 자주노선이 자민족 중심주의 혹은 폐쇄적 민족주의로 흐를 가능성에 있는데, 이는 쌍방향 개방적인 소통을 중시하는 평화운동과 차이가 나는 부분이다.

통일운동과 평화운동의 또 다른 차이이지만 뚜렷한 차이는 북한 핵문제에 대한 것이다. 통일운동은 북한의 핵개발이 북한에 대한 미국의 오래된 핵공격 위협을 배경으로 하고, 그 문제를 협상으로 해결하지 못한 점을 원인으로 꼽고 주류 언론이 반복하는 북한의 선 핵포기는 비현실적인 주장에 불과하다고 본다. 그에 비해 평화운동은 북한의 핵개발 배경과 동기에 관한 통일운동 진영의 입장을 이해할 수는 있지만, 미국은 물론 핵개발과 그를 통한 긴장고조를 일으킨 북한에 대해서도 비판의 시선을 숨기지 않는다. 그런 차이는 한반도 평화를 주제로 한 집회에서 통일운동 진영은 북핵문제 언급을 자제하는데 비해 평화운동측은 북핵문제로 환원하지는 않지만 비핵화 문제를 거론하는데서도 알 수 있다.

이상과 같은 성격 차이도 불구하고 한반도의 역사적 흐름에서 통일운동과 평화운동은 충분히 협력하고 호환할 여지가 크다. 왜냐하면 분단이 전쟁을 낳았고 전쟁의 결과 형성된 정전체제로 분단이 지속되고 있기 때문이다. '분단정전체제'로 부를 수 있는 오늘날 한반도는 남북 분단과 군사적 대치 상태를 동전의 양면으로 하고 있다. 그러므로 분단 극복과 통일의 길은 이념적 갈등과 군사적 대치 상태를 지양하고 평화체제를 형성하는 과정이라는 점에서 통일운동은 평화운동과 손잡을 수 있는 것이다. 통일운동은 분단옹호세력이 기득권을 정당화하고 지속시키는 과정에서 외국군에 의한 환경오염 및 군사훈련으로 인한 지역주민 생존권 침해, 한국인 범죄에 대한 솜방망이 처벌, 그리고 과도한 무기 도입 및 군사 밀약 등에 맞서 환경운동, 인권운동, 무기도입반대운동, 안보정책에 대한 투명성과 국민의 알 권리 운동을 전개해왔다. 이는 세계 각지에서 벌어진 평화운동의 내용과 유사하다.

이상에서 보듯이 통일운동은 한반도의 특수한 상황에서 전개하는 평화운동의 성격이 있다. 물론 평화운동의 성격을 띠는 통일운동이 모두 평화운동의 정향(orientation)과 일치하지 않는 점은 북핵문제에서 뚜렷하게 나타났다. 이와 별도로 통일운동과 평화운동은 각각의 활동 범위를 갖는다. 평화운동과 달리 통일운동은 남북민간교류를 하면서 언어, 역사, 문화에서 민족 동질성을 확인하고 회복하고 계승하는 활동을 전개한

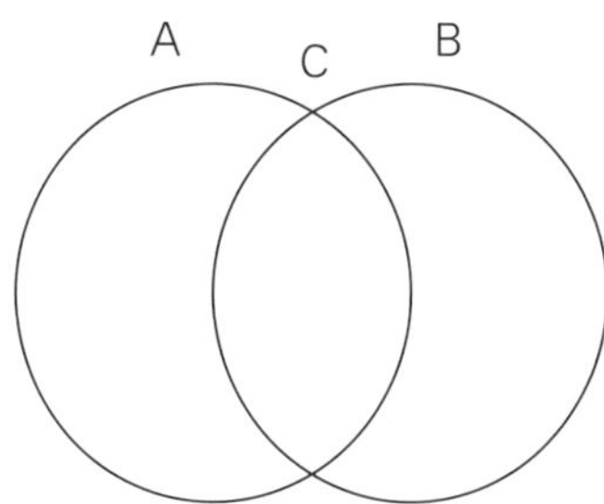

그림 12-1 통일운동과 평화운동의 관계

다. 통일운동은 또 분단과 전쟁으로 빚어진 이산가족의 생사확인과 서신 교환, 상봉에도 노력을 기울인다. 경제협력, 인도적 지원, 관광사업, 체육교류 등을 통해서도 화해와 협력의 기운을 높여나간다. 물론 경협, 지원, 관광, 체육교류와 같은 사업이 추구하는 바는 평화운동의 성격을 띤다. 이와 달리 군비축소, 무기개발 및 도입 반대, 안보·정보 비용 및 정책 공개, 안보정책 비리 공직자 고발 등과 같은 평화운동은 통일운동에서는 쉽게 찾아보기 어렵다. 위의 〈그림 12-1〉에서 보듯이 통일운동과 평화운동은 공통점과 함께 차이점을 갖고 있다. 그러므로 양측은 각기 개성과 차이점을 존중하면서 공통점을 갖고 협력하는 상호보완관계에 있다. 한반도에서 평화 없는 통일, 통일 없는 평화 둘 다 무의미하고 불가능하기 때문이다.

3. 통일운동이 주, 평화운동은 종?

통일운동의 영역은 민간교류, 인도적 지원, 경제협력, 반통일 악법 철폐, 통일방안 수립 등으로 설정해볼 수 있다. 대상을 놓고 본다면 통일운동은 국내적으로 정부와 민간을 대상으로 하는 한편, 북한을 향해서는 현상적으로 북한 정부와 주민을 나눈다하더라도 체제 특성상 구별이 힘들고, 국제사회(해외동포 포함)를 향한 활동도 있다. 통일운동은 그 내용상 교류·지원, 통일방안 수립, 민족 동질성 회복 노력 등 독자적인 영역이 있지만 다른 한편으로는 인권, 평화, 화해 등 다른 사회운동과 관련성을 띠고 있다.

지금까지 통일운동은 남한정권의 성향과 지지 기반, 그리고 남북관계 등에 따라 변천을 보여왔지만, 분명한 사실은 평화운동을 품으며 시민사회에서 주도적인 위치를 점해왔다는 점이다. 분단 현실 그 자체로부터 통일 열망은 사라지지 않은 반면, 반공반북 이념에 의해 북한을 주적으로 하는 안보정책은 성역시 되어왔다.

1987년 민주화 이전까지 통일운동은 반공독재정권으로부터 탄압을 받으면서도 정권의 통일 논의 독점과 통일문제의 정략적 이용을 비판하며 민간의 자유로운 통일 논의와 남북교류 보장과 이를 억압하는 국가보안법 철폐, 외세의 분단 책임 거론과 외세 추종적인 분단정권 비판 등의 입장을 취해왔다. 1980년대까지 시민사회운동은 한국사회의 전반적인 변화 전략으로 민주화와 통일의 선후문제를 놓고 치열한 논쟁을 벌여왔다. 1970년대까지는 선 민주화가 우세했다가, 1980년 광주민주화운동을 거치며 분단통일문제의 중대성, 곧 민족자주론이 득세하기 시작하였다. 통일운동은 민족 동질성, 민족자주의식을 분단 및 분단정권의 독재와 대립시키는 논리와 학생운동의 헌신적인 대중화 작업으로 지식사회에 확산되어 갔다. 다만, 당시 반전반핵군축운동은 외세를 배격하는 자주적 통일운동의 하위 범주로 간주되었을 뿐 독자적인 평화운동의 영역으로 부상한 것은 아니었다. 1987년 민주화 이후에도 자주적 통일운동은 '북한 바로알기운동'과 남북청년학생교류를 주장하며 대학가를 석권하였다.

사진 12-1 1980년대 반전반핵운동이 한반도 평화에 미국의 책임을 부각시키는 과정에서 학생들의 희생을 초래했다. 사진은 분신한 김세진, 이재호 추모행사.

그러나 현실 사회주의권의 붕괴와 북핵 위기, 그리고 북한의 식량사태에 따른 대규모 아사자 및 탈북자 발생으로 통일운동은 새로운 국면을 맞는다. 1990년대 통일운동은 탈북자 구제 및 보호, 대북 식량지원에 나섰지만 남북 당국간 대립으로 북한과 직접 교류에 한계가 있었다. 대학가의 자주적 통일운동도 침체에 들어갔다. 1차 북핵위기 때 통일운동은 인도적 지원, 북한 악마화 비판, 전쟁반대 주장으로 대응했다. 민주화 이후에도 평화운동은 독자적인 발돋움을 내지 못했지만 1991년 1차 걸프전에 대한 한국군의 파병에 반대하는 목소리를 냈다.

김대중 대통령이 취임하고 2000년 6·15 공동선언이 발표되면서 통일운동은 다시 활성화 되었다. 역사적인 남북 정상회담 결과 당국간 남북대화와 정부의 대북 인도적 지원에 힘입어 시민사회 각 방면에서도 남북민간교류와 지원활동의 봇물이 터졌다. 금강산 관광사업이 시작되었고(1998.11), 6·15 공동선언 기념행사가 서울과 평양에서 이어졌고, 김대중 정부때 착공한 개성공단에서 생산된 제품이 반출되기 시작했다 (2004.12). 통일의 기운이 커지는듯 하자 평화는 덩달아 따라오는 듯 평화운동이 설 자리는 불투명해 보였다. 2002년부터 불거진 2차 북핵위기는 6자회담으로 관리가능한 듯 했다.

한국에서 평화운동은 북핵문제의 평화적 해결을 위해 이라크에 파병하기로 한 노무현 정부의 방침에 대한 반발로 본격 전개되었다. 어린이, 학부모, 청소년, 예술인 등 각계각층의 시민들이 전국 각지에서 '전쟁반대, 파병반대'를 외쳤다. 박정희 정부때 전투병을 보내 수 만명의 청춘이 이억만리에서 죽어갈 때 파병반대운동이 없었던 것을 상기할 때, 분단현실에서도 민주화가 평화운동의 문을 연 셈이다. 노무현 대통령이 던진 권위주의 탈피와 군대 개혁은 군대내 의문사 진상규명, 군인권, 양심적 병역거부 등 그동안 반공안보 논리에 묻혀있던 군사화의 폐해가 부상했다. 평화운동의 또다른 출발점이었다. 여기에 소수자 집단을 대표하면서 평화·인권 감수성이 높은 여성운동이 평화운동에 합류했다.

이렇게 걸음마 단계에 들어선 평화운동은 개화를 맞기도 전에 겨울 추위에 얼어붙었다. 인권·평화와 거리가 먼 수구정권이 들어서자 평화운동이 시작한 이슈는 권력을 포함한 분단옹호세력의 십자포화에 쓰러졌다. 이들은 통일운동에 대해서는 '친북', '종북'의 딱지를 붙이며 노골적으로 탄압하였던 것이다. 박근혜 대통령이 탄핵되고 촛불혁명이 새 정부를 탄생시키기까지 통일운동과 평화운동은 콘크리트 바닥에 코를 붙이고 숨어 있어야 했다. 더 문제는 그 사이 악화된 북핵문제가 한반도 긴장을 고조시켜 새 정부 들어서 통일운동과 평화운동은 나아갈 길, 해야 할 일을 새롭게 세워야 할 상황에 직면하였다. 이제 통일운동이 평화운동을 품고 정세를 주도하기에는 현실이 크게 변하였다. 핵을 이용한 가공할 수준의 전쟁의 기운이 한반도를 감싸고 있기 때문이다. 그러나 2018년 대반전이 일어났다. 남북 정상회담에 이어 북미 정상회담이 성공적으로 진행되면 평화운동과 통일운동은 새로운 국면에서 역사적 사명을 감당해야 할 것이다.

4. 통일운동과 평화운동은 동반자관계

위에서 통일운동과 평화운동은 공통점과 차이점이 그 성격과 영역에 걸쳐 존재함을 알아보았다. 이는 두 운동이 각각 개성을 살려 병행 발전해나가는 것과 함께 둘의 협력이 가능함을 말해준다. 통일운동은 남북 민간교류, 이산가족상봉, 각종 민족 동질성 회복사업 등을 통해 상호 적대감과 이질감을 해소해나가면서 통일의 기운을 북돋우는 역할을 할 수 있다. 평화운동은 반전반핵군축운동, 과도한 무기개발·도입 및 공격적 군사훈련 반대, 안보정책 감시, 평화정책 대안 제시 등을 통해 군사적 긴장을 완화하고 한반도 비핵화와 평화체제 수립의 방향을 제시할 수 있다. 이와 같이 통일운동과 평화운동이 각기 자기 영역에서 역할을 잘 한다면 결과적으로 통일과 평화의 기운을 높여나갈 수 있을 것이다.

다른 한편, 통일운동과 평화운동이 공유하는 공통점을 갖고 상호 협력함으로써 한반도에 통일평화의 길을 닦아갈 수도 있다. 통일운동과 평화운동은 남북 경제협력, 인도적 지원, 남북 관광사업, 외국군 환경오염 및 인권침해, 그리고 남북이 상대를 파괴하려는 군사훈련의 중단 등에 공통 관심을 갖고 있다. 남북 경협과 관광사업, 그리고 대북 인도적 지원은 상호 이해와 화해의식을 증진시켜 적대와 불신을 완화시키는 대신 남북 화해협력을 고취시킬 수 있다는 점에서 통일운동과 평화운동의 공동 관심

사이자 실천 방안이 될 수 있다. 외국군과 외국군 기지에서의 환경오염과 인권침해는 그 자체로 평화운동의 관심사인 동시에 주둔 외국군이 일으키는 문제라는 점에서 민족자주의식을 자극한다는 점에서 통일운동의 관심사이기도 하다. 사실 보다 급진적인 평화운동과 통일운동에서는 외국군의 주둔 자체를 문제시 할 수도 있을 것이다. 그리고 남북이 상대를 공격하려는 목적의 군사연습은 상대의 존재를 부정하고 적대시한다는 점에서 반평화적이고, 전쟁을 통한 체제 붕괴를 추구한다는 점에서 평화통일 원칙과도 거리가 멀다. 이를 뒷받침하는 과도한 군비경쟁과 적 이미지(enemy image)의 재생산도 통일운동과 평화운동이 공동으로 대처해야 할 과제이다.

한반도 현실은 분단정전체제로 요약하고 그 특징을 도출할 수 있다. 이는 바람직한 한반도 미래가 통일평화체제라는 전망으로 이어진다. 물론 현실에서 분단이 지속되면서 평화체제가 도래할 수도 있고(분단평화), 통일이 이루어졌는데 핵문제나 주변국가들과의 갈등으로 평화가 도래하지 않는 경우(통일폭력)가 발생할 수도 있다. 분단정전체제는 말할 것도 없지만 분단평화, 통일폭력 체제도 한반도에 지속가능한 평화를 보장해주지 않는다. 이런 복잡한 한반도의 현실에서 통일운동과 평화운동은 동반자로 협력할 숙명적인 관계에 있다. 평화 없이 달성된 통일은 또다른 폭력을 초래할 수 있고, 통일로 연결되지 않는 평화체제란 분쟁의 씨앗을 안고 있다. 그럼 앞으로 통일운동과 평화운동은 어떻게 협력해가야 할 것인가?

5. 평화운동의 입장에서 통일운동을 한다는 것

한반도 통일평화의 미래를 향해 통일운동과 평화운동은 동반자관계를 갖고 협력해나가야 한다는 것은 하나의 당위이다. 문제는 이를 구체적으로 어떻게 전개하느냐의 문제이다. 당위를 구체로 전환하는데 있어서는 객관적이고 냉정한 현실 인식이 전제되어야 한다. 앞에서 한반도 문제에서 통일운동이 주도적인 역할을 담당해왔고 평화운동은 비록 2000년대 들어 독자적인 영역을 개척하고 있지만 아직 걸음마 단계라고 평가했다.

그런 현실에서 통일운동과 평화운동이 동반자관계에서 협력해 나가기 위해서는 통일운동을 평화운동의 입장에서 바라보는 자세가 필요하다. 이에 관해 일찍이 김창수는 『멋진 통일운동 신나는 평화운동』(2000)이라는 책에서 통일운동과 평화운동의 불균형 상태를 지적하면서 통일운동을 평화운동의 입장에서 전개하는 의미를 네 가지로 말한 적이 있다. 그것은 평화운동이 첫째, 통일을 달성할 평화적 환경을 조성하고 둘째, 통일운동에 세계적인 보편성을 부여하고 국제적인 환경을 마련하고 셋째, 인정, 관용, 평화적 갈등해결 등 통일을 준비하는 운동이고 넷째, 통일과정을 평화적으로 이끄는 운동이라는 의미이다. 여기서 두 번째, 세 번째 의미를 좀 더 부연할 필요가 있다.

평화운동은 국가와 지역, 체제와 문화를 초월해 인류의 염원을 담은 보편적인 의미를 띠고 있다. 통일운동이 자칫 국수주의, 자민족중심주의로 흐를 경우 상호의존을 특성으로 하는 오늘날 지구촌 시대에서 지지를 받지 못할 수 있고, 통일이 될 경우 국내외적으로 새로운 유형의 폭력을 초래할 개연성이 크다. 우리는 분단 과정이 외세에 의한 것이었음을 잘 알고 있다. 더구나 북한 핵문제와 인권문제, 북한 자연의 황폐화 등으로 2000년대 들어 통일문제가 국제적인 관심사로 크게 부상해있는 사실도 직시하고 있다. 그런 점에서 통일은 민족자주·화해·동질성의 회복임과 동시에 평화, 화해, 인권, 지속가능한 발전과 같은 인류 보편가치의 조화로운 구현의 문제이기도 하다. 이런 관점에서 통일문제를 접근할 경우 외세의 부당한 개입을 반복하지 않으면서도 국제사회의 지지와 협력을 유도해낼 수 있을 것이다. 통일운동이 평화운동의 입장에 서서 통일문제를 파악하는 의의는 이렇게 크고, 두 운동의 협력이 절실한 이유도 여기에 있다.

통일운동을 평화운동의 입장에서 전개한다는 것은 평화주의 시각에서 민족문제를 접근한다는 의미다. 같은 민족이지만 전쟁을 겪으며 분단되었고 분단정전체제가 장기화 되면서 적대감과 이질감이 대단히 높고, 통일과 평화의 가능성이 단기적으로는 높지 않은 현실에서 볼 때, 통일을 평화주의 시각에서 접근할 필요성은 더 한층 커진다. 그럼 평화주의 시각이란 무엇인가? 평화주의 시각은 나와 상대의 다름을 억압과 차별이 아니라 인정과 공존의 근거로 삼는 자세를 포함한다. 그럼 북한이 동포이기도 하지만 적이라는 인식도 분명한데 어떻게 공존공영, 심지어 통일의 상대로 대할 수 있을까? 대한민국의 정체성으로 북한을 재단하기에 앞서서 북한의 어제와 오늘을 역사적으로 이해한 상태에서 국제적 기준(global stadard)으로 평가하는 태도가 필요하다. 이때 북한이 남한보다 열악하지만 그렇게 된 배경과 그 결과를 이해할 수 있고, 남한도 북한을 포용하거나 통일을 준비하기 위해 더 갖추어야 과제를 도출해낼 수 있다. 인정, 공감, 관용, 협력과 같은 평화주의의 덕목은 그 어느 곳보다 적대하고 이질감이 높은 한반도에서 절실하다. 이는 단지 통일운동이 평화운동의 입장에서 활동하는 의미를 넘어 통일운동이 한반도형의 평화운동임을 말해주는지도 모른다. 한반도에서 지속가능한 평화는 통일이 비록 종착점은 아니지만 반드시 통과해야 할 관문이기 때문이다.

■ 더 읽을 책

김창수, 『멋진 통일운동 신나는 평화운동』, 책세상, 2000.

정영철·정창현, 『평화의 시선으로 분단을 보다: 남북관계사 20장면』,
　　유니스토리, 2017.

■ 토론 주제

1. 통일운동과 평화운동의 공통점과 차이점을 생각해보자.

2. 통일운동과 평화운동의 관계를 말해보자.

3. 통일운동을 평화운동의 입장에서 접근해볼 필요와 그럴 때의 효과를
　 말해보자.

■ 결론

한국 평화운동의 의의와 과제

　한국의 평화운동 역사는 길지 않다. 노동, 민주화, 인권 등에 초점을 맞춘 사회운동이 40년 이상의 역사를 가진 것과는 다르게 평화운동은 20년 정도 되는 비교적 짧은 역사를 가지고 있다. 사회운동 안에서도 평화운동은 여전히 소수의 운동에 머물러 있고 사회의 관심도 상대적으로 적게 받고 있다. 평화운동에 대한 사회의 이해도 높지 않다. 대부분의 사람들은 '평화통일' 담론에 속해 있거나 통일운동과 관련된 운동으로 평화운동을 생각해왔다. 또는 민주화와 인권에 초점을 맞춘 사회운동이 시대의 변화에 따라 새롭게 '평화'의 주제를 개발해 추가한 것쯤으로 이해하기도 한다. 이런 시각은 평화운동이 필요성이 약하거나 평화문화가 널리 퍼져 있어서 그런 것이 아니라, 평화에 대한 이해와 민감성이 부족하고 폭력이 없는 평화적 관계 및 사회구조에 대한 이해가 부족해서이다.

그 일차적인 원인은 분단·정전체제가 사회 개개인의 자유로운 사고를 억압하고 평화 인식을 왜곡한 데 있다.

평화운동은 현안의 선택과 그것을 다루는 방식 등 여러 면에서 다른 사회운동과 차별화된다. 그중 핵심적인 두 가지만 언급한다면 하나는 목표의 달성과 함께 과정을 동등하게 중요시한다는 것이다. 그것은 본문에서 수차례 언급한 것처럼 평화운동은 평화적 방식에 의존해야 하는 자기 당위성과 사회적 책임을 가지고 있기 때문이다. 곧 운동의 과정에서 누구도 폭력의 피해를 받지 않아야 하고 목표 달성 과정에서 발생한 폭력을 정당화시키지 않아야 한다는 것이다. 다른 하나는 국가의 테두리를 넘어선다는 것이다. 평화운동 자체가 인류애에 기반한 세계 평화운동의 영향을 받아 시작된 측면도 있지만 세계의 모든 평화운동이 보편적 평화 접근과 활동 목표, 다시 말해 세계 어느 곳의 누구도 전쟁을 포함한 폭력에 희생되지 않도록 해야 한다는 목표를 가지고 있기 때문이다. 그래서 평화운동은 국내와 국외 현안에 동시에 관심을 가진다. 물론 역량에 따라 더 에너지를 쏟는 부분이 다를 수 있지만 말이다. 이것은 다른 사회운동이 어느 정도 영역의 확장과 역량의 향상을 이룬 후 비로소 국외 현안에 눈을 돌리는 것과는 다른 접근이다. 대부분의 사회운동이 역량 및 관심의 부족으로 여전히 국내 현안에 몰두하고 있는 한국사회의 상황에서 이런 점은 특별히 민족주의를 넘어서는 접근으로 이해될 수 있다.

사회운동으로서 한국 평화운동의 의의는, 평화운동이 사회에서 오랫동안 방치되어온 근본적인 사회문제를 다룬다는 것이다. 그것은 바로 전쟁과 평화의 문제다. 한국전쟁은 65년 전에 정전협정으로 중단되었만 지금까지도 한국사회에 중대한 영향을 미치고 있다. 그중 가장 큰 영향은 한국사회에서 '무력을 통한 평화' 이론과 전쟁 담론이 여전히 유효하고 힘을 발휘한다는 점이다. 전쟁을 전제로 한 무력 강화와 군비경쟁을 정당화하는 사회구조 역시 튼튼히 유지되고 있다. 가장 파괴적인 폭력인 전쟁이 여전히 유효한 정치적, 사회적 선택 중 하나로 여겨지고, 인류의 보편가치인 반전평화가 사회적 가치 및 상식으로 수용되지 못하고 있다. 평화운동은 이런 구조와 문화에 정면으로 문제를 제기한다는 점에서 큰 의미가 있다. 나아가 전쟁을 가능하게 하는 무기산업과 병역제도 등에 도전하는 것도 한반도 평화정착에 중요한 의미를 가진다. 한국 및 세계의 무기산업, 무기 경쟁, 전쟁과 무력 충돌에 의한 학살, 전쟁 범죄 등을 감시하고 반대운동을 펼친다는 점도 한반도를 넘어 인류애와 인도주의에 기초한 인류 보편적 운동으로서 의미를 가진다.

또 다른 중요한 의의는 앞서 언급한 것처럼 평화운동이 운동의 방식에 있어서 평화적 방식, 나아가 비폭력 저항을 원칙으로 삼는다는 것이다. 강하고 지속적인 저항의 역사를 가진 한국사회에서 비폭력은 사회운동의 지지조차 받지 못했다. 최근 폭력과 평화에 대한 사회적 인식이 높아지기는 했지만 여전히 비폭력 저항이 모든 사회운동의 원칙으로 확립되어 있지 않는 상태이다. 평화운동의 비폭력 저항 방식은 단순히 운동의 방식으로서가 아니라 모든 폭력의 거부를 원칙으로 삼는 사회운동의 존재양식을 의미한다. 이것은 곧 평화운동이 운동을 통해 다양한 사회 구성원들 사이의 폭력적 상호작용을 감소시키고 평화로운 공존을 가능하게 하는 사회구조와 문화로의 전환에도 기여할 수 있음을 의미한다.

평화운동은 여전히 소수의 운동에 머물러 있다. 평화운동은 새로운 사회운동으로 중요한 의미가 있고 운동의 기반이 되는 가치, 운동의 방식, 문제에 접근하는 태도 등에서 다른 사회운동과 구분되는 특징이 있다. 다른 사회운동과 구분되는 이런 평화운동의 특징과 접근은 아직 주목을 받지 못하고 있다. 거기에는 두 가지 이유가 있다고 할 수 있다. 하나는 사회 전반적으로 '평화'에 대한 이해가 미흡하기 때문이다. 사회운동 차원의 평화교육은 소수 단체에 의해 간헐적으로 진행되고 있고, 평화학 또는 평화연구는 학문 영역에 자리를 잡지 못하고 있다. 평화 담론 또한 왜곡되거나 주관적인 인식의 토대 위에서 형성되고 있다. 이런 전반적 상황이 평화운동의 존재감과 차별성에 대한 사회적 이해를 어렵게 한다. 다른 하나는 대중과의 접촉면이 확장되지 않기 때문이다. 대중의 관심이 상대적으로 적거나 인식이 높지 않은 주제들을 다루는 평화운동은 여전히 대중의 참여를 끌어내는 데 어려움을 겪고 있다. 그 결과 운동의 확장이 쉽지 않고 대중과의 접촉면 역시 넓어지지 않고 있다.

대중과의 접촉면을 넓히고 대중과 함께 하는 운동으로 정착시켜가는 것은 평화운동이 당면한 가장 큰 과제라 할 수 있다. 사회운동의 궁극적 목표는 사회변화다. 변화는 사회 구성원들과 함께 만들어야 하고 대중의 참여 없이는 가능하지 않다. 평화운동도 마찬가지다. 평화운동의 궁극적 목표는 평화로운 공존이 이루어지는 사회와 세계를 만드는 것이다. 그 목표를 향해 가는 과정에서 폭력의 감소, 대립과 갈등의 평화적 해결, 그리고 평화문화의 정착 등이 이뤄져야 한다. 이런 모든 일은 대중의 참여를 필요로 한다. 동시에 대중의 참여 없는 평화로운 사회와 세계를 위한 운동은 의미가 없다. 대중의 견해와 필요가 반영되지 않은 과정은 그 자체로 평화를 위한 과정으로 정당성을 인정받을 수 없기 때문이다. 대중의 참여를 위해서는 평화의 가치와 태도를 대중과 공유해야 하는데 그것은 절대 부과될 수도 강요될 수도 없다. 그러니 운동의 목표를 위해, 그리고 과정의 정당성을 확보하기 위해 대중과 함께 하는 운동을 고민할 수밖에 없다.

대중과 함께 하는 평화운동을 위해서는 두 가지 접근이 필요할 것으로 보인다. 하나는 중장기적 비전을 만들어 단기적 목표 및 활동과 연결시키는 전략적 접근이고, 다른 하나는 평화에 대한 대중의 인식과 이해를 높이는 노력을 하는 것이다. 그런데 이 두 가지는 상호연결되는 것이다. 중장기적 비전의 핵심은 평화로운 한국사회 및 세계로의 변화가 될 수밖에 없는데 관건은 이 비전을 어떻게 대중과 공유하고 대중의 동의를 얻느냐에 있다. 그를 위해 다양한 단기적 활동과 노력을 계획하고 실행할 수 있다. 그런데 대중의 인식과 이해가 점진적으로 높아지지 않으면 활동은 대중과 괴리될 수밖에 없고 그 결과 평화로운 한국사회 및 세계로의 변화에 기여할 수 없다. 그러니 결국 초점은 평화에 대한 대중의 인식과 이해를 높이는 것에 맞춰질 수밖에 없다. 이를 위해 다양한 개인 및 집단이 직면한 삶의 문제를 평화와 연결시켜 새롭게 해석하고 공유하는 노력이 필요하다. 그리고 이런 노력은 다양한 배경을 가진 개인 및 집단을 위해 다양한 방식으로 고안되고 진행되는 평화교육 프로그램을 통해 이뤄지는 것이 가장 바람직하다.

평화운동의 목표는 폭력이 사라지고 평화로운 공존이 이뤄지는 사회와 세계를 만드는 것이다. 그 목표의 달성을 위해 평화운동은 현재에서 폭력을 규명하고 희생을 감소시키며 미래의 지속가능한 평화를 위한 토대를 쌓아가야 하는 과제를 가지고 있다. 이 과제를 수행하기 위해 평화운동은 매 순간 폭력을 감시하고 평화의 시각으로 분석하는 노력을 해야 하고 변화를 목표로 한 활동을 대중과 함께 계획하고 실행해야 한다. 그런 과제를 전개하는데 평화운동과 평화연구는 손잡고 함께할 동반자 관계에 있다.

지은이 소개

서보혁

성균관대학교와 한국외국어대학교에서 언론학과 정치학을 공부하였다. 2003년 2월 정치학 박사학위 취득 후 국가인권위원회 전문위원, 이화여자대학교 평화학연구소 연구교수를 거쳐 현재 서울대학교 통일평화연구원 HK 연구교수이다. 현대북한연구회 회장을 역임하였고 현재 한국국제정치학회, 북한연구학회, 한국정치연구회 등에서 학술활동을 하고 있다.

주요 저서로 『탈냉전기 북미관계사』, 『코리아 인권』, 『분단폭력』, 『평화학과 평화운동』, 『인간안보와 남북한 협력』, 『배반당한 평화』, *North Korean Human Rights* 등이 있다.

정주진

평화로운 공존을 위한 개인과 집단 사이의 관계, 사회 조건의 탐색 및 실천, 갈등의 평화로운 해결 등을 연구, 교육, 적용하는 일을 업으로 삼고 있다. 캐나다 워털루 대학교에서 평화갈등학 디플로마, 미국 이스턴메너나이트 대학교에서 갈등전환학 석사학위, 영국 브래드포드 대학교에서 평화학 박사학위를 받았다.

1인 연구소인 〈평화갈등연구소〉를 통해 지식 나눔을 하고 있고, 『갈등해결과 한국사회』, 『평화, 당연하지 않은 이야기』, 『평화를 보는 눈』, 『갈등은 기회다』 등의 책을 집필했다.

찾아보기

ㄱ

간디　36, 70, 85, 111

갈등관리　190

갈등해결연구센터　21

갈등해결학　191

감폭력　36

강인철　175

강정　9, 131, 133, 167

걸프전　120, 121, 217

공격의 사회화　61-63, 66

공공갈등　60, 190

공론화　56-58, 114, 118, 178

공존공영　10, 51, 212, 222

관계정상화　40, 51, 104, 124, 126,
　　　157, 160, 162

광주민주화운동　54, 216

국가권력　9, 39, 174

국가보안법　111, 216

국가안보　49, 90

국내정치　12, 134

국방백서　157

국방부　128, 157, 183

국방비　145, 151, 152, 157

국제반전평화대행진　143

국제시위의 날　92

국제연대　54, 120, 123, 125, 134

국제연합　47, 109, 128, 129

국제인권기구　177

국제정치　21

국제평화회의　86

국제화해친선회　87

군비경쟁　49, 104, 133, 156, 158,
　　　159, 168, 212, 220, 226

군비축소　177, 180, 215

군비통제　126, 155, 156, 169

군사력　155-159, 166, 168, 169

군사문화　113

군사연습　49, 119, 124, 220

군사주의　42, 87, 94, 120, 125, 134

군사화　37, 88, 169, 183, 218

군축　12, 40, 48, 104, 117, 118,
　　　121, 130, 151, 153, 155-169,
　　　182, 215, 216, 219

금강산 관광사업　126, 217

기본권　40, 128, 178-180, 182

기억된 역사　140, 141

기후변화　29, 47

긴장완화　159, 183

김구　108

김낙중　110

김일성 115, 116

김정은 9, 159

김창수 221, 223

김태영 128

ㄴ

낙인찍기 202

난민 12, 128, 204, 206

남북대화 107, 115, 117, 123, 149,
  162, 217

남북 정상회담 6, 117, 122, 133,
  164, 166, 217, 219

네트워킹 81, 100, 101

노근리 120

뉴욕평화회 84

닉슨 173

ㄷ

다문화 204-206

대량살상무기 126, 156, 159-161,
  172, 173

대만 176, 182

대인지뢰금지운동 117

대체복무제 107, 128, 176-183, 184

대화와 합의 32, 74, 187-190

동맹 12, 115, 119, 130, 131, 159

또래 조정 192

ㄹ

로비 41, 52-54, 57, 98, 212

리영희 113

ㅁ

메너나이트 83, 87

모니터링 41, 125

모병제 171, 176, 183

무기산업 29, 50, 152, 227

무장 갈등 22, 32, 96-98, 100, 101,
  186, 187

무장 충돌 21, 97-100

문익환 113, 115

문재인 124, 128, 131, 133, 162,
  179-183

물리적 평화 37, 104

물리적 폭력 18, 36, 37, 46, 70, 85,
  97, 104, 189, 194

미국 12, 20, 21, 46, 47, 49-51,
  55, 71, 84-86, 88-96, 104,
  114, 115, 117, 120, 122-126,
  128-133, 142, 144, 146-150,
  156, 157, 159-162, 167, 172,
  173, 191, 203, 213, 214, 217

미국심리학회 89

미국평화회 84

민간교류 112, 117, 123, 126, 214,
  215, 217, 219

민간인 학살　　105, 114, 120, 133,
　　152, 178
민족 동질성　　115, 214, 216, 219
민족문제　　222
민족자결운동　　48
민족자주　　106, 115, 216, 220, 222
민족자주의식　　216, 220
민족주의　　83, 85, 87, 105, 106,
　　108, 151, 213, 226
민족화해범국민협의회　　162
민주사회를 위한 변호사모임(민변)　　177
민주주의　　46, 47, 53, 165
민주화　　10, 40, 48, 49, 52, 107,
　　112, 114, 115, 118, 123, 130,
　　142, 216-218, 225
밀라노 칙령　　79

ㅂ

박근혜　　124, 126, 183, 218
박시환　　178
박정희　　49, 113, 115, 218
반공반북　　216
반전반핵　　46, 48, 114-217, 219
배제　　37, 54, 68, 72, 73, 98, 100,
　　101, 131, 195, 199, 201-205,
　　207, 208, 210
베트남　　50, 92, 93, 128, 129, 133,
　　173, 176

베트남전 반대운동　　172
베트남 전쟁　　50, 71, 92, 93, 128,
　　172, 173, 178
병역의 의무　　171, 174, 178
부분실험금지조약　　91
부트로스 부트로스-갈리　　97
북미 정상회담　　6, 9, 124, 219
북한　　5, 6, 37, 46, 47, 51, 55, 104,
　　105, 107, 109, 110, 114-117,
　　122-126, 131, 141-143, 146-
　　149, 152, 156-167, 169, 171,
　　176, 183, 213-217, 221, 222
북핵문제　　12, 122-157, 161, 162,
　　178, 214, 218
북핵위기　　107, 124, 217, 218
분단옹호세력　　211, 212, 214, 218
분단정전체제　　107, 168, 214, 220,
　　222
브레드런　　83, 87
비인간화　　69
비폭력　　10, 29, 31, 36, 42, 54, 57,
　　64, 67-71, 80, 85, 87, 90,
　　111, 112, 121, 192, 227
비폭력 저항　　29, 31, 68, 70, 71, 80,
　　85, 111, 112, 227
비핵지대화　　123, 124, 126, 133,
　　161
비핵화　　5, 6, 122-124, 134, 161,
　　162-167, 214, 219

ㅅ

사드(THAAD)   6, 9, 28, 131, 132, 134, 197

사회관계망(SNS)   53

사회변화   26, 80, 81, 94, 101, 194, 204, 228

사회운동   10, 11, 26, 29, 32, 33, 52, 54-56, 62, 71, 74, 81, 94, 114, 115, 119, 121, 142, 143, 145, 146, 149, 150, 152, 183, 187, 190, 194, 205, 206, 208, 209, 211, 216, 225-228

상대적 강자   189, 194, 195, 200, 201, 202, 208

상대적 약자   66, 75, 194-196, 200, 202, 204, 205, 208

상향식 접근   97, 98, 99

생생한 역사   140, 141

생존권   58, 105, 131, 160, 214

선택된 트라우마   140, 141

성소수자   203, 204, 205, 206, 207

성주   9, 28, 131, 167

세계교회협의회(WCC)   125

세계대전   19, 48, 49, 86-90, 109, 120, 142, 172, 174

소금행진   70

소수자   12, 105, 203-207, 218

소수집단   40, 53, 89

신뢰구축   40, 155, 156, 161, 167, 181

십자군 전쟁   61, 79, 80, 83, 84

ㅇ

악마화   51, 217

안보딜레마   159, 160

약자의 역량 형성   67

약자의 전략적 선택   194

양심적 병역거부   107, 110, 172-180, 182-184, 218

엘리스 볼딩   61, 80

여성평화자유국제연맹(WILPF)   87

여성

　여성주의   103, 125

　여성 혐오   103

　여성화   103

여호와의 증인   110, 113, 178

연방제   110, 112, 115, 116

영국회   85

오슬로평화연구소(PRIO)   22

오타와 협약   117

요한 갈퉁(Johan Galtung)   24

원불교   131

원자폭탄   46, 90, 105

원칙적 비폭력   69

원칙적 전쟁 반대   149

원효   112

윤금이   119, 120

이라크   12, 50, 54, 55, 71, 95, 96,
        107, 120, 122, 123, 129, 143,
        144, 218

이라크 전쟁   71, 95, 96, 129, 143-
        146, 178

이라크 파병   12, 128, 129, 144

이명박   122, 124, 126, 183

이스라엘   12, 51

이용석   176

인간 본성과 평화   21, 89

인공기   163

인권   10, 29, 58, 94, 107, 119,
        120, 142, 165, 176, 178, 179,
        181-183, 204, 205, 208, 216,
        218, 222, 225

인권 감수성   218

인권침해   57, 104, 109, 118, 119,
        123, 163, 219, 220

인도적 지원   88, 116, 123, 126,
        127, 160, 167, 215, 217, 219

임재성   180

ㅈ

작전통제권   130, 131

장애인   104, 204-206

장일순   111-113

재인간화   69

적대의식   51, 159

전두환   49

전략적 평화세우기   101, 102

전쟁   9, 10, 12, 17-25, 29, 32, 37,
        39, 42, 46-53, 55, 61-64, 66,
        67, 71, 79-81, 83-90, 92-99,
        102, 104, 105, 107-111, 113,
        114, 117-120, 122, 125, 128-
        130-131, 133, 139-153, 155-
        157, 159-161, 165, 171-176,
        178, 180, 181, 184, 186, 187,
        212, 214, 215, 217-220, 222,
        226, 227

전쟁기념관   141

전쟁 문화   63

전쟁반대자국제모임   87

전쟁 반대 캠페인   97, 143-147,
        149-181

전쟁반대평화실현공동실천   129, 144

전쟁연구   20

전쟁예방연구교류   20

정보공개   49

정책학   55

정체성   26, 29-32, 38, 63, 69-71,
        74, 81, 103, 140-142, 192,
        196, 206, 209, 222

제국주의   54, 105, 114

조국통일범민족연합   116

조봉암   110, 113

조정자   192

조직화   45, 50, 55, 58-60, 81, 84,
      85, 88, 90, 121

존 폴 레더락   139, 140, 152, 198

종군위안부   54, 105

주한미군   115, 118-120, 130, 146,

주한미군범죄근절운동본부   119

주한미군주둔군지위협정(SOFA)   118
      -120, 130

중국   51, 87, 131, 132, 176

중립화   112

지도력   38, 39

지속가능한 발전   222

지지세력   57, 211

진보당   110

집단적 기억   139-142, 147

집회 및 시위   52

ㅊ

차별   27, 32, 37, 40, 49, 53, 64,
      73, 105, 119, 176, 194, 205-
      208, 222, 226, 228

참여연대   42, 56, 65, 118, 121,
      129, 132, 162, 177, 180

천신민   182

최근의 사건   140-142

최능진   109

ㅋ

쿠웨이트   120

쿠테타   113, 176

퀘이커   27, 83, 84, 87

ㅌ

탈북민   105, 204, 206

태국   176, 177

토지개혁   110

통일운동   12, 105, 106, 110, 115-
      117, 121, 131, 134, 143, 211-
      223, 225

통일의식조사   163-165

트럼프   9, 53, 148, 160

팀스피리트훈련   115

ㅍ

파병   12, 71, 92, 107, 120-122,
      128-130, 134, 144, 145, 178,
      217, 218

패권국   49

평창올림픽   9, 159, 160, 162-165

평화

  구조적 평화   37

  문화적 평화   37

  민주평화   6, 45-47

  생태평화   45, 47, 111

소극적 평화   24, 26, 31, 33, 40,
        104, 212

연대평화   6, 45, 47

적극적 평화   24-26, 31, 33, 40,
        104, 212, 213

지속가능한 평화   11, 51, 99,
        100, 106, 167, 192, 220,
        222, 229

통일평화   5-7, 28, 45, 46, 109,
        161, 162, 164, 219-221

평화교육   6, 66, 67, 88, 104, 168,
        191, 192, 208, 209, 213, 228,
        229

평화권   128, 129

평화그룹   81

평화네트워크   121

평화만들기   9-11, 42, 43, 98

평화문화   6, 29, 40, 55, 61, 63-67,
        72, 75, 134, 191, 213, 225,
        228

평화세우기   29, 88, 95, 97-102,
        139, 187, 192, 193

평화에스페란토   88

평화연구저널   22

평화와 통일을 여는 사람들   121

평화운동가   28, 29, 41, 42, 48, 60,
        85, 86, 90, 92, 93, 125, 166

평화운동의 조건   30, 188

평화유지군   128

평화유지하기   98

평화 의제   97

평화적 공존   184, 186, 189, 202,
        207-209

평화적 방식   31, 32, 63, 73, 74,
        188-190, 194, 196, 226, 227

평화적 조직문화   71-75

평화조약   98, 125, 126

평화주의   29, 79, 85-88, 92, 110,
        111, 126, 128, 131, 134, 184,
        212, 213, 222

평화체제   5, 122-124, 134, 157,
        161, 163, 166, 167, 183, 214,
        219, 220

평화학   5, 6, 10, 11, 17, 19, 20,
        22-24, 26-30, 32, 33, 43-46,
        95, 169, 228

평화학의 태동   19, 26

평화협정   40, 124, 152, 161, 163,
        165, 173

폭력

구조적 폭력   25, 37, 100, 201,
        205

문화적 폭력   25, 31, 37, 68, 73,
        104, 189, 201, 205

수동적 폭력   36, 37

직접적 폭력   37, 73, 201, 205

통일폭력   220

폭력문화   55, 62-66, 87, 208

폭력의 탐구　23, 25, 26
프레임　49, 105, 165
피해자　40, 41, 52, 53, 66, 105,
　　112-114, 117, 119, 142, 192,
　　203

ㅎ

하향식 접근　97, 99, 100
학제간 접근　5
한국교회여성연합회　112
한국기독교교회협의회　125
한국전쟁　90, 104, 109, 117, 118,
　　120, 130, 139-142, 147, 153,
　　161, 178, 226
한미연합사(령부)　130, 131
한살림　112
함석헌　111-113
합의　23, 32, 73, 74, 110, 123,
　　162, 163, 187-190, 195, 212
해군기지　9, 131-134, 197
핵감축캠페인　91
핵무기반대비폭력행동　90
핵무기폐기국제캠페인　133, 167
핵발전소　129
핵정책전국위원회　90
핵확산금지조약　91
헌법　109, 111, 128, 171, 177, 178
헌법재판소　178

혐오　64, 103, 165, 199-205, 207,
　　208, 210
화해　29, 51, 87, 98, 99, 104, 117,
　　125, 143, 157, 164, 165, 193,
　　215, 216, 219, 222
환경오염　118-120, 123, 214, 219,
　　220
활동가　6, 40-42, 57, 98, 100, 133,
　　144, 145, 150-152, 191, 192
회복적 정의　192
휴전선　117, 156, 166
희생자　11, 23, 66, 69, 130, 203
힘의 관계　194-196, 200
힘의 분배　73
힘의 차이　197, 200, 204, 205

D

DMZ　125

W

WomenCrossDMZ　125

Y

YMCA　121
YWCA　112, 121

기타

4·19 민주혁명　113

6자회담　122, 123, 161, 218

7·4 공동성명　212

9·19 공동성명　122, 162, 166